城市轨道交通建设管理系列丛书

城市轨道交通工程质量安全风险监管要点

童朝宝　郑少午　主编

中国建筑工业出版社

图书在版编目(CIP)数据

城市轨道交通工程质量安全风险监管要点/童朝宝，郑少午主编. —北京：中国建筑工业出版社，2016.7
(城市轨道交通建设管理系列丛书)
ISBN 978-7-112-19450-6

Ⅰ. ①城…　Ⅱ. ①童… ②郑…　Ⅲ. ①城市铁路-轨道交通-工程质量-安全管理　Ⅳ. ①U239.5

中国版本图书馆 CIP 数据核字(2016)第 106495 号

本书共分四篇十章，第一篇轨道交通工程质量安全风险监督管理概述，第二篇施工准备阶段，第三篇施工管理阶段，第四篇系统设备安装阶段。本书旨在针对轨道交通工程的不同施工过程、不同施工阶段，分析质量安全监督管理的风险点，重点突出质量安全风险监督和管理的要点。本读本力求简明实用，注重理论与实践的结合，经验与知识相结合，力求学以致用、解决实际监督管理中的重点、核心问题。

本书可作为城市轨道交通工程的建设、施工、监理相关专业技术管理人员学习的读本，或作为轨道交通专业大中专教材或课外学习资料。

责任编辑：王　磊　李玲洁　田启铭
责任设计：谷有稷
责任校对：王宇枢　张　颖

城市轨道交通建设管理系列丛书
城市轨道交通工程质量安全风险监管要点
童朝宝　郑少午　主编

*

中国建筑工业出版社出版、发行(北京西郊百万庄)
各地新华书店、建筑书店经销
北京红光制版公司制版
北京建筑工业印刷厂印刷

*

开本：787×1092毫米　1/16　印张：11　字数：268千字
2016 年 10 月第一版　2016 年 10 月第一次印刷
定价：**38.00**元
ISBN 978-7-112-19450-6
(28712)

城市轨道交通建设管理系列丛书
编 辑 委 员 会

《城市轨道交通工程质量安全风险监管要点》

主　编：童朝宝　郑少午

副主编：侯　赟　周静增　叶　罡

主　审：郦仲华　史文杰

编　委：（按姓氏笔画排序）

王建华　李建平　杨国宝　沈国芳

张　杰　张文宏　陈　雷　林志祥

俞南均　喻淳庚　戴旭东　魏小军

总　序

随着我国国民经济的不断发展，城市化进程步伐的加快，城市"出行难"的社会问题越来越突出，而城市轨道交通以其运能大、能耗低、污染少、速度快、安全、按时的优点，让它成为深受广大市民欢迎的交通工具。当前各大城市的轨道交通建设均进入了快速发展期，而建设、勘察、设计、施工及监理等专业技术和管理人才紧缺的问题却日益突出。城市轨道交通是集土木、水文、机械、线路、车辆、供电、通信信号、自动售检票等多个专业工种于一体的综合系统工程。各种新工艺、新技术在城市轨道交通各个专业中也得到充分运用。这些都相应地要求城市轨道交通建设从业人员必须掌握一定的专业知识和具备知识更新能力。为了提高轨道交通建设管理水平、保证工程的质量和施工安全，同时也便于现场一线技术管理人员、政府质量安全监督管理人员和内业资料人员的查找对照，我们编写了这套《城市轨道交通建设管理系列丛书》。本系列丛书主要是总结近十年来杭州城市轨道交通工程建设的经验和教训，同时依据建设主管部门的相关法规和规章，以及参考了诸多兄弟城市的先进做法，按照施工现场的安全生产文明施工标准化的实施、工程的质量安全风险监管、现场的安全管理、内业资料的整理、安全台账的编制，工程计量计价的实例解析以及养护维修等进行分类编写。本系列丛书主要包括：

(1)《城市轨道交通工程安全生产文明施工标准化实施手册》；

(2)《城市轨道交通工程质量安全风险监管要点》；

(3)《城市轨道交通工程施工安全管理》；

(4)《城市轨道交通工程计量与计价实例解析》；

(5)《城市轨道交通工程资料与编制范例》；

(6)《城市轨道交通工程安全台账编制》；

(7)《城市轨道交通工程养护维修》。

本系列丛书可作为城市轨道交通工程的建设、施工、监理相关专业技术管理人员学习的读本，或作为城市轨道交通工程专业大中专教材或课外学习资料。

本系列丛书编写过程中，得到了杭州市建设工程质量安全监督总站、杭州市地铁集团有限责任公司、杭州市钱江新城投资集团有限公司、浙江大成建设集团有限责任公司、宏润建设集团公司杭州分公司、中铁建电气化局集团有限公司市政分公司、铁四院工程监理咨询公司杭州分公司、上海隧道工程股份有限公司浙江分公司、中铁一局集团公司杭州办事处、萧宏建设集团有限公司、鲲鹏建设集团有限公司、杭州市路桥集团有限公司、中铁四局集团电气化工程有限公司等单位的大力支持和热情帮助，在此一并表示衷心的感谢。

由于时间仓促，本系列丛书中难免存在一些疏漏、不足，真诚希望广大读者和同行提出宝贵意见。

前　　言

　　近年来，我国轨道交通建设迅速发展，建设、施工、监理以及勘察设计等专业技术和管理人才紧缺的问题日益突出，因快速建设引发的质量安全事故时有发生。同样，作为政府监督管理的主力军——质量安全监督机构，也存在监督管理人才缺乏的问题。房屋建筑与市政基础设施的质量安全监督管理工作，经过多年来的发展更新，已形成较为完善的监督管理体系、方法，但轨道交通工程的质量安全监督管理，在我国轨道交通建设较早的"北、上、广"等地，质量安全监督的机制各有差异，后续建设轨道交通工程的城市如沈阳、成都、南京等基本由建筑工程（市政工程）质量安全监督机构转换产生，监督管理机制的差异更大。杭州市轨道交通建设相对起步较晚，在认真学习先行城市的建设监督管理经验的基础上，根据杭州特有的社会经济、环境条件的特点，总结成功与失败的经验，组织编写《城市轨道交通工程质量安全风险监管要点》，作为监督管理行业学习交流的读本。本读本依据杭州市水文、工程地质特点以及人文环境特点，轨道交通工程施工中采用的相应的施工工艺、专业特点，分别介绍施工准备阶段、施工管理阶段和系统设备安装阶段的质量安全风险监督管理的内容，存在的问题以及监管的要点。旨在作为质量安全监督管理的同仁们学习交流的读本，为提高城市轨道交通质量安全风险监督管理水平，尽微薄之力。

　　本书共分四篇十章，第一篇轨道交通工程质量安全风险监督管理概述，第二篇施工准备阶段，第三篇施工管理阶段，第四篇系统设备安装阶段。旨在针对轨道交通工程的不同施工过程、不同施工阶段，分析质量安全监督管理的风险点，重点突出质量安全风险监督和管理的要点。本读本力求简明实用，注重理论与实践的结合，经验与知识相结合，力求学以致用、解决实际监督管理中的重点、核心问题。

　　本书可作为城市轨道交通工程的建设、施工、监理相关专业技术管理人员学习的读本，或作为轨道交通专业大中专教材或课外学习资料。

　　本书以杭州市建设工程质量安全监督总站的童朝宝和郑少午为主编，杭州市建设工程质量安全监督总站的侯赟、周静增、叶罡为副主编，中铁一局集团公司杭州办事处沈国芳、宏润建设集团公司杭州分公司杨国宝、腾达集团有限公司杭州分公司李建平、萧宏集团有限公司魏小军、杭州市建设工程质量安全监督总站戴旭东、陈雷、俞南均、张文宏、喻淳庚、王建华等参与编写。本书由杭州市钱江新城投资集团有限公司的郦仲华和杭州市建设工程质量安全监督总站的史文杰主审。

　　本读本编写过程中，得到杭州市建设工程质量安全监督总站、宏润建设集团公司杭州分公司、中铁一局集团公司杭州办事处、萧宏建设集团有限公司、中铁四局电气化局有限公司等施工单位的大力支持和热情帮助，再次一并表示衷心的感谢。

　　由于时间仓促，读本中难免存在一些疏漏、不足，真诚希望读者和同行提出宝贵意见。

目 录

总序

前言

第一篇　轨道交通工程质量安全风险监督管理概述

第一章　城市轨道交通工程的发展概述 ······················ 2

　　第一节　国外城市轨道交通概况 ························ 2

　　第二节　我国城市轨道交通的建设状况 ················ 3

第二章　城市轨道交通工程质量安全风险监管 ············· 5

　　第一节　轨道交通工程建设安全事故分析 ············· 5

　　第二节　质量安全风险监管意义 ···················· 6

　　第三节　质量安全风险监管体系 ···················· 6

第三章　各方责任主体的质量安全管理责任 ··············· 9

　　第一节　建设单位的安全管理责任 ·················· 9

　　第二节　勘察、设计单位的安全管理责任 ············· 10

　　第三节　施工单位的安全管理责任 ·················· 10

　　第四节　监理单位的安全管理责任 ·················· 11

　　第五节　质量检测及第三方监测单位的安全管理责任 ····· 12

第二篇　施 工 准 备 阶 段

第四章　施工准备阶段质量安全风险评估 ················ 16

　　第一节　质量安全风险监管程序和内容 ··············· 16

　　第二节　轨道交通工程周边环境调查与核查 ··········· 20

第五章　地铁轨道交通工程周边环境监测管理 ············ 25

　　第一节　周边环境监测的项目 ···················· 25

　　第二节　周边环境监测的范围 ···················· 25

　　第三节　周边环境监测项及监测频率 ················ 26

　　第四节　周边环境监测报警 ······················ 30

　　第五节　监测数据分析 ·························· 31

　第六节　监测信息反馈、成果运用 ⋯⋯⋯⋯⋯⋯⋯⋯⋯⋯⋯⋯⋯ 33
　第七节　监测的预警和应急响应 ⋯⋯⋯⋯⋯⋯⋯⋯⋯⋯⋯⋯⋯⋯ 35

第三篇　施 工 管 理 阶 段

第六章　车站及附属结构 ⋯⋯⋯⋯⋯⋯⋯⋯⋯⋯⋯⋯⋯⋯⋯⋯⋯ 38
　第一节　基坑围护结构 ⋯⋯⋯⋯⋯⋯⋯⋯⋯⋯⋯⋯⋯⋯⋯⋯⋯ 38
　第二节　基坑开挖 ⋯⋯⋯⋯⋯⋯⋯⋯⋯⋯⋯⋯⋯⋯⋯⋯⋯⋯⋯ 51
　第三节　钢筋混凝土结构施工 ⋯⋯⋯⋯⋯⋯⋯⋯⋯⋯⋯⋯⋯⋯ 55

第七章　区间及联络通道 ⋯⋯⋯⋯⋯⋯⋯⋯⋯⋯⋯⋯⋯⋯⋯⋯⋯ 58
　第一节　区间盾构掘进 ⋯⋯⋯⋯⋯⋯⋯⋯⋯⋯⋯⋯⋯⋯⋯⋯⋯ 58
　第二节　联络通道 ⋯⋯⋯⋯⋯⋯⋯⋯⋯⋯⋯⋯⋯⋯⋯⋯⋯⋯⋯ 73
　第三节　钢筋混凝土高架桥 ⋯⋯⋯⋯⋯⋯⋯⋯⋯⋯⋯⋯⋯⋯⋯ 81

第八章　轨道工程 ⋯⋯⋯⋯⋯⋯⋯⋯⋯⋯⋯⋯⋯⋯⋯⋯⋯⋯⋯⋯ 89
　第一节　工程质量安全管理风险 ⋯⋯⋯⋯⋯⋯⋯⋯⋯⋯⋯⋯⋯ 89
　第二节　质量安全风险存在的问题 ⋯⋯⋯⋯⋯⋯⋯⋯⋯⋯⋯⋯ 90
　第三节　质量安全风险监管的要点 ⋯⋯⋯⋯⋯⋯⋯⋯⋯⋯⋯⋯ 91

第四篇　系统设备安装阶段

第九章　系统设备安装工程质量安全风险监督管理概述 ⋯⋯⋯⋯ 98
　第一节　系统设备安装的工程特点 ⋯⋯⋯⋯⋯⋯⋯⋯⋯⋯⋯⋯ 98
　第二节　系统设备安装的安全策划重点 ⋯⋯⋯⋯⋯⋯⋯⋯⋯⋯ 98
　第三节　安装施工风险控制措施 ⋯⋯⋯⋯⋯⋯⋯⋯⋯⋯⋯⋯⋯ 99

第十章　系统设备安装工程质量安全风险监督管理要点 ⋯⋯⋯⋯ 104
　第一节　通风空调系统 ⋯⋯⋯⋯⋯⋯⋯⋯⋯⋯⋯⋯⋯⋯⋯⋯⋯ 104
　第二节　给水排水与消防系统 ⋯⋯⋯⋯⋯⋯⋯⋯⋯⋯⋯⋯⋯⋯ 114
　第三节　低压动力照明系统 ⋯⋯⋯⋯⋯⋯⋯⋯⋯⋯⋯⋯⋯⋯⋯ 121
　第四节　供电系统 ⋯⋯⋯⋯⋯⋯⋯⋯⋯⋯⋯⋯⋯⋯⋯⋯⋯⋯⋯ 130
　第五节　通信系统 ⋯⋯⋯⋯⋯⋯⋯⋯⋯⋯⋯⋯⋯⋯⋯⋯⋯⋯⋯ 135
　第六节　信号系统 ⋯⋯⋯⋯⋯⋯⋯⋯⋯⋯⋯⋯⋯⋯⋯⋯⋯⋯⋯ 146
　第七节　自动售检票系统 ⋯⋯⋯⋯⋯⋯⋯⋯⋯⋯⋯⋯⋯⋯⋯⋯ 154
　第八节　综合监控系统 ⋯⋯⋯⋯⋯⋯⋯⋯⋯⋯⋯⋯⋯⋯⋯⋯⋯ 159

参考文献 ⋯⋯⋯⋯⋯⋯⋯⋯⋯⋯⋯⋯⋯⋯⋯⋯⋯⋯⋯⋯⋯⋯⋯⋯ 167

第一篇 轨道交通工程质量安全风险监督管理概述

第一章 城市轨道交通工程的发展概述

第一节 国外城市轨道交通概况

城市轨道交通是指在不同形式轨道上运行的大、中运量的城市公共交通工具，是当代城市中地铁、轻轨、单轨、自动导向、磁浮等轨道交通的总称。国外城市轨道交通的发展距今已有 140 多年历史，早在 1863 年世界上第一条用蒸汽机车牵引的地下铁道线路在英国伦敦建成通车。列车在地下隧道内运行，隧道里烟雾熏人，但当时的伦敦市民甚至皇亲显贵仍争先乘坐，因为地铁列车的速度毕竟快于拥堵不堪的伦敦地面街道上的公共马车。地下铁道诞生之初就以速度快捷的优势赢得了市民的青睐。

世界上第一条地下铁道的诞生，为人口稠密的大都市如何发展公共交通提供了宝贵的经验，特别是到 1879 年电力驱动机车的研制成功，使地下客运环境和服务条件得到了空前的改善，地铁作为公共交通显示出强大的生命力。从此以后，地下铁道在世界上一些著名的大都市相继得到发展，其中在 1863～1899 年期间，有英国的伦敦和格拉斯哥、美国的纽约和波士顿、匈牙利的布达佩斯、奥地利的维也纳以及法国的巴黎共 5 个国家的 7 座城市率先建成了地下铁道。在进入 20 世纪的最初 24 年间（1900～1924 年期间），在欧洲和美洲又有 9 座大城市相继修建了地下铁道，如德国的柏林、汉堡，美国的费城以及西班牙的马德里等。1925～1949 年，其间经历了第二次世界大战，各国都着眼于自身的安危，地铁建设处于低潮，但仍有日本的东京、大阪，苏联的莫斯科等少数城市在此期间修建了地铁。第二次世界大战以后，1950～1974 年的 24 年间，世界上地铁建设蓬勃发展，在此期间，有加拿大的多伦多、蒙特利尔，意大利的罗马、米兰，美国的费城、旧金山，苏联的列宁格勒、基辅，日本的名古屋、横滨，韩国的汉城（今称首尔）以及中国的北京等约 30 座城市相继建成了地铁。

近些年，随着城市人口迅速增加，导致车辆增多，给城市带来交通拥挤、环境污染与能源危机等一系列问题。面对世界城市和城市人口不断增加的状况，世界上各大城市都存在"乘车难"和"行路难"的问题，因此发展城市公共交通、缓解交通拥挤是当前世界大城市迫切需要解决的问题。地铁与城市中其他交通形式相比，除了能避免城市地面拥挤和充分利用空间外，还有很多优点：一是运量大，地铁列车的运输能力要比地面公共汽车大 7～10 倍，是任何城市交通工具所不能比拟的；二是速度快，地铁列车在地下隧道内风驰电掣地行驶，时速可超过 100km；三是无污染，地铁列车以电力作为动力，不存在空气污染问题，因此城市轨道交通受到各国政府的青睐。

第二次世界大战结束时，全世界只有 20 座城市建有地铁，而目前世界上已有 40 多个国家和地区的 130 多座城市都建造了城市轨道交通，累计线路总长度约为 5500km。年客运总量为 250 多亿人次。世界上很多大城市的地下都已构筑起一个上下数层、四通八达的地铁网，有的还在地下设立商业设施和娱乐场所，与地铁一起形成了一个地下城。一些地铁车站建筑构思新颖，气势磅礴，富有艺术特色，乘客进入地铁车站，犹如置身于富丽堂皇的地下宫殿，这些地铁车站以其迷人的魅力吸引着各国旅行者，并成为该地的重要旅游景点。还有很多国家的地铁与地面铁路、高架道路等联合构成高速道路网，解决了城市紧张的交通运输问题。城市轨道交通现代化的发展，已成为城市交通现代化的重要标志之一。

第二节　我国城市轨道交通的建设状况

进入 21 世纪以来，我国城市轨道交通建设步入了快速发展的轨道，尤其是北京、上海分别以 2008 年奥运会和 2010 年世博会召开等国际活动为契机，城市轨道建设长足发展。广州、深圳、南京、苏州、杭州、天津、大连等城市也以珠江三角洲、长江三角洲、环渤海地区的经济腾飞等为时机，大力发展城市轨道交通，其他城市地铁、轻轨等城市轨道交通的建设也日趋活跃。

一、我国已经建成的城市轨道交通线路

我国城市轨道交通建设经过近几年的快速发展，除港澳台地区外，截至 2012 年 3 月末，国内已有 14 个城市累计开通 50 条城市轨道交通线路，开通里程达到 1723km，共有 31 个城市的 109 条线路先后处于建设状态，总里程超过 2400km。根据各城市的最新规划，目前国内共有 47 个城市规划了总数超过 300 条的城市轨道交通线路，总里程超过 10000km。

二、城际轨道交通的建设方兴未艾

由于城市化进程的加快，城市群、城市带频频出现，城际轨道交通应运而生。实际上，随着城市轨道交通的延伸和扩展，如珠江三角洲、长江三角洲、环渤海湾地区等经济的发展，必然对物流、人流提出新的要求，城际区域快速轨道交通的建设也正在兴起。城际区域快速轨道交通的类型包括高速铁路、地铁、轻轨等形式。珠江三角洲经济区在全国率先完成了城际区域快速轨道交通的发展规划。它以广州为中心，连接周边主要城市，以广深（圳）、广珠（海）经济带为主轴，以广惠（州）、广开（平）、广肇（庆）、广从（化）为发展轴，近期规划轨道线路 595km，远期衔接港澳地区，规划线路近 900km。列车运行的最高速度分为 4 个层次：近郊线 120km/h，城际线 160km/h，城际快线 200km/h，直达快速线 300km/h。

作为珠江三角洲城际区域快速轨道交通规划的第一条线路的广州—佛山地铁，业已开工建设（全长约 33km），广州段由沥滘—芳村，佛山段由芳村—魁奇路，从而揭开了我国城际轨道交通建设的序幕。

当前，我国大中城市普遍存在着道路拥挤、车辆堵塞、交通秩序不畅的现象，并成为城市发展的"瓶颈"问题。随着我国城市规模和经济建设飞速的发展，城市化进程在逐步加快，城市人口在急剧增加，大量流动人口涌进城市，人员出行和物资交流频繁，交通需求急剧增长，城市交通供需矛盾日趋紧张。发展以轨道交通为骨干，以常规公交为主体的公共交通体系，为城市居民提供安全、快速、舒适的交通环境，引导城市居民使用公共交通系统是国外大城市解决城市交通问题的成功经验，也是我国大城市解决交通问题的唯一途径。

　　世界各国轨道交通的发展说明，轨道交通的发展无不和与之发展相配套的技术经济政策相关。我国城市轨道交通现已进入快速发展阶段，在把握机遇、快速发展的同时，更应重视政策的指导作用。从新世纪开始，国家首次把"发展城市轨道交通"列入国民经济"十一五"计划发展纲要，并作为拉动国民经济特别是大城市经济持续发展的重大战略。轨道交通发展开始强调与城市环境的协调统一。北京、上海、广州三大城市的轨道建设和运营实践证明了城市轨道交通的发展对解决大城市交通拥堵、提高环境质量、调整城市区域结构和产业布局以及拉动城市社会经济持续发展和合理布局的突出作用。城市轨道交通的发展解决了远距离上下班空间距离与时间的矛盾，并提高了居民的生活质量，促进了城市合理布局的形成。

　　随着我国社会经济和城市建设的不断发展和进步，不同类型的轨道交通也进入了并行发展时期，呈现出多元化发展趋势，并开始注重轨道交通与城市环境的协调发展。据有关部门预测，未来10年新建各种类型的轨道交通将达到1000km左右，全国投资总规模将达几千亿元，我国城市轨道交通将进入快速发展时期。

　　近年来，随着经济社会的快速发展，人民群众对城市公共交通的需求日益增加，我国城市轨道交通进入快速发展时期，建设规模和速度在国际上尚无先例，特别是2009年以来，城市轨道交通建设进一步加快。中金公司发布的研究报告称："预计未来10年，我国城市轨道交通建设投资有望超过3万亿元"。中投公司的研究报告称："预计至2020年，全国将超过30个城市拥有地铁或轻轨，将有40个城市建设地铁，总规划里程达7000km，是目前总里程的4.3倍"。

第二章 城市轨道交通工程质量安全风险监管

第一节 轨道交通工程建设安全事故分析

2001～2010 年的地铁与隧道工程安全生产事故分析：据不完全统计，2001 年 5 月至 2010 年 2 月，广州、上海、北京、深圳、杭州、南京、西安 7 个城市共发生 43 例安全生产事故，造成 59 人死亡。通过统计分析，总结地铁与隧道施工中的安全生产事故的类型、发生部位和主要原因。

一、事故类型

地铁施工安全生产事故的类型主要有 7 个方面：坍塌、机械伤害、火灾、中毒、物体打击、透水、爆炸。不同事故类型的统计结果如表 2-1 所示。

不同事故类型的统计结果 表 2-1

	坍塌	机械伤害	火灾	中毒	物体打击	透水	爆炸
事故数量	25	5	4	3	3	1	2
所占比例	58.1%	11.6%	9.3%	7.0%	7.0%	2.3%	4.7%
死亡人数	42	4	1	5	4	0	3
所占比例	71.1%	6.8%	1.7%	8.5%	6.8%	0.0%	5.1%

二、事故发生的部位

地铁施工安全生产事故主要发生在基坑、隧道、起重机位置、支架位置、临建设施、竖井、钻机位置等处。不同部位所发生的事故统计结果如表 2-2 所示。

不同部位所发生的事故统计结果 表 2-2

	基坑	隧道	起重机位置	支架位置	临建设施	竖井	钻机位置
事故数量	21	8	5	4	3	1	1
所占比例	48.9%	18.6%	11.6%	9.3%	7.0%	2.3%	2.3%
死亡人数	35	10	4	7	1	2	0
所占比例	59.3%	16.9%	6.8%	11.9%	1.7%	3.4%	0.0%

三、事故的主要原因

事故发生的原因主要有周边环境复杂、施工管理和技术不到位、机械设备故障或操作不当、其他原因。事故主要原因的统计情况如表 2-3 所示。

	周边环境复杂	施工管理和技术不到位	机械设备故障或操作不当	其 他
事故数量	18	17	6	2
所占比例	41.8%	39.5%	14.0%	4.7%
死亡人数	17	34	5	3
所占比例	28.8%	57.6%	8.5%	5.1%

第二节 质量安全风险监管意义

质量安全监管的意义在于执行国家的法律法规，确保国有资产和人民的生命财产安全，确保地铁工程依据国家规划和设计要求科学合理施工，确保地铁施工过程中各类质量安全事故隐患的排查和消除。

城市轨道交通地下建设工程风险管理，必须遵循节能、节地、保护环境和可持续发展的基本方针。城市轨道交通地下工程建设安全风险管理，建设管理部门应建立全过程风险控制理念，从线路规划、可行性研究、勘察设计、土建施工、系统设备安装直至竣工验收后运营管理，均应实施风险管理。

作为质量安全监管单位，重点规范建设过程中的质量安全风险管理，严格督促相关责任主体，执行相关的法律法规和技术标准，确保轨道交通建设从施工准备、施工期间到竣工交付各阶段的质量安全管控，在主体结构、装饰装修、机电设备安装、轨道运营管理等各个环节进行安全风险监督和管理。

在日常监管工作中，必须以国家现行的各类标准规范作为管理的准绳和依据，业主单位对轨道交通管理下发的各类文件为具体管理的要求和标准，当地政府建设监督管理部门的各类文件为宏观管理的要求和标准，企业质量安全管理体系为根本和措施。

第三节 质量安全风险监管体系

地铁工程的质量安全监管工作是一个复杂庞大的监管体系，而作为这一体系中重要部门的监管单位，督促各责任体系，在地铁工程的质量安全监管体系中可依据"人、机、料、法、环"等各个要素进行质量安全监管，而监管单位正是依据此方法对整个施工质量安全控制进行相应的监督和管理工作。

一、人的因素

人的因素是五大要素中的决定因素，管理者、施工及操作人员的素质高低对于工程的质量安全起到决定性的作用。人员素质高低对于工程质量安全影响的表现形式就是工作质量和工作安全，因此对于工作质量安全必须严格管理，岗位教育和安全技术交底是保证工作质量安全的前提，因此要通过岗位教育和安全技术交底树立全员的质量安全意识，这样才能在质量安全上形成良好的工作氛围，才能形成人人关心质量安全，个个重视质量安全的项目风气。同时，也可以实行竞争机制、激励机制和奖惩机制，这样才能提高工作质量安全，达到保证地铁工程项目质量安全的目的。

需要对施工单位的企业法人资质、项目管理人员资质、项目安全专职管理人员资质、项目特殊工种人员资质、项目机械操作人员资质等进行严格的审查，同时查验是否符合招标投标文件的人员配备要求，确保项目管理人员符合实际上岗需要。检查施工单位的岗位教育和安全技术交底内容是否符合项目实际情况，是否符合质量安全标准，是否具有可操作性和全面性，是否人人都受到相应的质量安全教育和交底，是否在日常工作中遵守和执行相应的教育内容和交底要求。

同时，加强监理单位的管理。监理人员也要进行岗位教育和安全质量技术交底。监理大纲、监理规划的编制必须符合项目的实际情况，结合施工单位的施工特点编制详细而具有针对性、全面性及可操作性的各专业监理实施细则。

二、机的因素

施工机械的质量安全控制：施工机械一般不直接用于工程实体，因此对工程质量不产生直接影响，但不能忽视它的间接影响。所以在工程方案的确定中，选用先进的、可靠的、安全的、适用的、符合质量安全技术要求的设备，对保证和提高工程质量安全有举足轻重的作用。特别对带有计量装置的设备、接触易燃易爆物品的设备、起重吊装设备、垂直运输设备、大功率电气设备等要进行定期的检查和维护，使其达到额定的性能，满足工程质量安全的要求。

应针对各类机械设备的进场进行软硬件检查，对设备的维护和保养记录进行复查，对设备的厂家和租赁单位的资质进行审查，对起重设备的进出场吊装作业进行旁站监督，对垂直运输设备的运行情况和检修记录进行试验和检查，对各类电气元件、易燃易爆设备的安全保护措施进行检查。

三、料的因素

工程所用的原材物料是形成工程实体的原料，也是工程质量形成和安全风险控制的基本要素，保证原材料按质、按量供应和使用是项目质量控制的重要内容，对原材料的质量安全控制应采用"三把关、四检验、一管理"的制度，即材料供应采购人员把关、技术质量检验人员把关、操作使用人员把关；检验规格、检验品种、检验质量、检验数量；做好材料进出及堆放储存的管理。

在材料进场时，应做好相应的旁站和抽样检验工作，依据"三把关、四检验、一管理"的要求对施工单位的材料进行跟踪和监控，对于各种材料的堆放和储存要考虑其是否符合现场文明施工和安全生产的需要，对于易燃易爆物品的存放是否符合相关规范要求，对于材料存放区域是否存在影响材料质量和安全的环境，对于各类机电设备进场存放期间的保护措施设置是否妥当，对于场地周转时间的控制，对于大型机电设备的吊装运输是否符合质量安全要求，对于用于安全防护及临时措施的材料是否符合安全标准、满足安全需要等各个方面进行质量安全风险监管。

四、法的因素

地铁工程质量安全风险控制在法的因素上主要体现在施工单位依据国家相关的法律法规和规章制度，行业的质量安全技术标准、地方政府的质量安全技术规章制度、企业的质量安全技术标准等内容编制符合地铁机电安装及装修工程的施工组织设计、专项施工方案、安全操作规程、技术交底内容、岗位教育内容等各类用于现场工程管理的相关文件。

督促监理单位在依据上述法律法规编制自身的监理大纲、监理规划、各专业监理实施细则的前提下，对施工单位的各类方案进行针对性、全面性、可操作性、详细性、准确性等方面的审查核实。同时对各类方案的具体实施落实，进行严格的质量安全监督和检查。

五、环的因素

环的因素主要体现在施工单位在工程施工准备阶段和施工阶段在环境保护方面编制合理、科学、全面、可行的专项施工方案和管理方案。同时，检查业主提供的项目周边环境各类管网图是否符合现场实际情况，是否满足施工需要；土建结构施工是否满足设备安装和装修工程需要；隧道盾构施工是否满足设备安装和装修工程需要；系统单位工程施工进度和质量是否满足机电安装和装修的需要；项目周边自然环境和民用建筑设施是否会因工程施工造成影响；临时设施设置是否符合环境管理方案要求；废气、废水、废物、噪声等污染和控制情况是否符合法律规范要求。

第三章　各方责任主体的质量安全管理责任

第一节　建设单位的安全管理责任

住建部《城市轨道交通工程安全质量管理暂行办法》（建质〔2010〕5号），规定了轨道交通建设各方责任主体的责任和监管单位的职责。其中，建设单位主要体现以下内容。

1. 安全管理制度的建立与机构设置

建设单位应建立健全安全生产责任制和管理制度，设置安全管理机构，配备与建设规模相适应的安全管理人员，对勘察、设计、施工、监理、监测等单位进行安全质量履约管理。

2. 工期管理

建设单位应科学确定勘察、设计、施工等各阶段工期，不得任意压缩合同约定的工期。

3. 安全措施费用管理

建设单位与施工单位应当在施工合同中明确安全措施费用，并按合同约定按时将其拨付给施工单位。

4. 工程安全风险评估

建设单位应在初步设计阶段组织开展城市轨道交通工程安全风险评估（含建设工期、造价对工程安全的影响性评估）并组织专家论证，形成安全风险评估报告。

5. 工程周边环境调查

（1）建设单位应向设计、施工、监理、监测等单位提供气象、水文和地形地貌资料，工程地质和水文地质资料，施工现场及毗邻区域内的建筑物和构筑物、地下管线、桥梁、隧道、道路、轨道交通设施等资料。

（2）建设单位应在施工前组织地下管线产权单位或管理单位向施工单位进行现场交底，并形成文字记录，由各方签字并盖章。

（3）工程周边环境严重影响工程实施或因工程施工可能造成其严重损害的，建设单位应当根据设计要求和工程实际，组织开展现状评估，并将现状评估报告提供给设计、施工、监理、监测等单位。

6. 施工图设计文件审查

依法将施工图设计文件（含勘察文件）报送经认定具有资格的施工图审查机构进行审查。

7. 勘察、设计文件交底

建设单位应及时组织勘察单位向设计单位进行勘察文件交底，在施工前组织勘察、设计单位向施工、监理、监测等单位进行勘察、设计文件交底。重点说明文件中涉及工程安全的内容，并形成书面交底记录。

8. 委托进行第三方监测

建设单位应当委托具有相应资质的工程监测单位进行第三方监测。

第二节 勘察、设计单位的安全管理责任

1. 勘察单位安全责任

勘察单位提交的勘察文件应当符合国家规定的勘察深度要求，满足设计、施工的需要，并结合工程特点明确说明地质条件可能造成的工程风险，必要时针对特殊地质条件提出专项勘察建议。

2. 设计单位安全责任

（1）设计单位提交的设计文件应当符合国家规定的设计深度要求，并应根据工程周边环境的现状评估报告提出设计处理措施，必要时进行专项设计。设计文件中应当注明涉及工程安全的重点部位和环节，并提出保障工程安全的设计处理措施。施工图设计应当包括工程及其周边环境的监测要求和监测控制标准等内容。

（2）对高风险工程的设计方案、工程周边环境的监测控制标准应组织专家进行论证。

第三节 施工单位的安全管理责任

1. 工程项目的安全管理体系

（1）管理制度及人员配备

施工单位应当建立健全安全生产责任制度和管理制度，加强对施工现场项目管理机构的管理。项目安全管理人员专业、数量应当符合相关规定（《建筑施工企业安全生产管理机构设置及专职安全生产管理人员配备办法》），并满足项目管理需要。

（2）安全措施费管理

施工单位要保证本单位安全生产条件所需资金的投入，安全措施费必须保证专款专用。

（3）分包单位管理

总承包单位和专业分包单位对专业分包工程的安全生产承担连带责任。总包施工单位将部分专业工程依法分包后，专业分包单位不得另行再分包。实行劳务分包的，劳务分包单位应在施工现场设立安全生产管理机构，加强对劳务人员的管理。

2. 安全技术控制措施

（1）施工安全风险管理

1）施工单位应编制施工风险管理专项实施细则，建立风险预报、预警、预案体系，对工程施工风险实施动态跟踪与监控。

2）施工单位应对采用的施工工法进行优化；对分部分项工程中的重要部位、关键工序进行安全风险评估，正式施工前报监理单位进行安全条件验收。

3）施工单位应当对工程周边环境进行核查。工程周边环境现状与建设单位提供的资料不一致的，应协同建设单位组织有关单位及时补充完善。

4）施工单位应当指定专人保护施工现场地下管线及地下构筑物等，在施工前将地下管线、地下构筑物等基本情况、相应保护及应急措施等向施工作业班组和作业人员作详细说明，并在现场设置明显标识。

（2）施工监测

施工单位应当对工程支护结构、围岩以及工程周边环境等进行施工监测、安全巡视和综合分析，及时向设计、监理单位反馈监测数据和巡视信息。发现异常时，及时通知建设、设计、监理等单位，并采取应对措施。

（3）安全专项施工方案

1）施工单位应当按照有关规定对危险性较大的分部分项工程（含可能对工程周边环境造成严重损害的分部分项工程）编制专项施工方案。对超过一定规模的危险性较大的分部分项工程专项施工方案应当组织专家论证。

2）工程施工前，施工单位项目技术人员应当向施工班组、作业人员进行安全技术交底，并由双方签字确认。

（4）重大危险源控制管理

1）施工单位应按照建设工程重大危险源安全管理的相关规定加强对施工现场重大危险源的安全管理。

2）对超过一定规模的危险性较大的分部分项工程应按照《危险性较大的分部分项工程专项施工方案专家论证管理办法》的规定组织专家论证。

（5）大型机械设备的安全管理

1）施工起重机械设备的安全管理必须严格按照《建设起重机械安全监督管理规定》（建设部 166 号令）实施。

2）大型设备和建筑施工起重机械应履行进场验收手续；进场验收合格后，建筑施工起重机械安装、拆卸及使用的合法程序为：办理产权备案→开工安全生产条件审查→安装告知→安装→安装检测→联合验收→办理使用登记。详见《关于调整建筑起重机械安装、拆卸告知和使用登记备案程序的通知》［杭建监总（2011）57 号文］。

3）大型设备及建筑施工起重机械的安拆施工及操作等特殊作业人员，必须具有由建设行政主管部门颁发的特种作业证书。

第四节　监理单位的安全管理责任

1. 安全监理体系

（1）监理单位必须建立健全安全生产责任制和管理制度，设立施工现场项目监理机构。项目总监理工程师应当具有相应专业的监理执业资格和工作经验，项目监理人员专业、数量应当满足监理工作的需要。

（2）监理单位必须具备从事城市轨道交通工程监理业务的相应资质。

（3）工程监理单位和监理工程师应当按照法律法规和工程建设强制性标准实施监理，并对建设工程安全生产承担监理责任。

2. 审查核验制度

（1）明确工程项目的危险性较大的专项工程，对超过一定规模的危险性较大工程编制专项安全生产监理实施细则。

（2）监理单位应当审查施工组织设计、专项施工方案中的安全技术措施及施工监测方案是否符合工程建设强制性标准和设计文件要求。

（3）审查工程项目施工安全重大危险源目录、内容与工程实际情况是否相符，施工安全重大危险源防护保证措施是否符合工程建设强制性标准要求。

（4）建筑材料、建筑构配件和设备未经注册监理工程师签字，不得在工程上使用或安装，施工单位不得进行下一道工序的施工。

3. 检查验收制度

（1）检查施工单位是否按照审查批准的施工组织设计、施工方案和危险性较大的专项工程施工方案中的安全技术措施组织施工。

（2）检查施工监测点的布置和保护情况，比对、分析施工监测和第三方监测数据及巡视信息。发现异常时，及时向建设、施工单位反馈，并督促施工单位采取应对措施。

（3）建立工程项目安全生产隐患台账，对安全生产违法、违规行为和安全生产隐患，及时要求有关单位整改，并检查整改结果，签署整改验收意见。

（4）监理单位应会同有关单位按照施工技术标准规范和有关规定进行隐蔽工程和分部分项工程验收，并对工程重要部位和环节进行施工前条件验收。

4. 督促整改制度及安全隐患报告制度

对安全生产违法违规行为和安全生产隐患应及时制止并书面通知有关单位限期整改，情况严重的，由总监理工程师签发暂停施工令，并及时书面通报建设单位。有关单位拒不在限期内整改或者拒不暂停施工的，工程项目监理机构应当及时书面报告相关建设行政主管部门或其安全生产监督机构，必要时，应当及时书面报告上一级建设行政主管部门。

第五节　质量检测及第三方监测单位的安全管理责任

（1）第三方监测单位应当具有相应的工程勘察资质，并向工程所在地建设主管部门办理备案手续。监测单位不得转包监测业务。

（2）监测单位必须建立健全安全生产责任制和管理制度，设立施工现场项目监测机构。项目监测负责人应当具有相应执业资格和城市轨道交通工程监测工作经验，项目监测人员专业、数量应当满足监测工作的需要。

（3）监测单位应当根据勘察设计文件、安全风险评估报告及有关资料编制第三方监测方案，经专家论证并经监测单位主要负责人签字后实施。

（4）监测单位应当严格按照方案开展监测和巡视工作，及时提供真实、准确的监测报告。做好适时监测风险评估，发现异常时，立即向建设、施工、监理单位反馈。

（5）从事城市轨道交通工程质量检测业务的质量检测单位，应当具备相应资质。质量检测单位不得转包检测业务，不得与所检测工程项目相关的设计单位、施工单位、监理单位有隶属关系或者其他利害关系。

（6）质量检测机构应当按照工程建设标准和国家有关规定进行质量检测。在检测过程中发现有结构安全检测结果不合格、严重影响使用功能等情况的，应当及时向建设、监理单位反馈。

（7）监测、质量检测单位出具的监测、检测报告应当经监测、检测人员签字，监测、质量检测单位法定代表人或其授权签字人签署，并加盖公章后方可生效。质量检测单位出具的见证取样检测报告中应当注明见证人单位及姓名。监测、质量检测单位应当对监测、检测报告的真实性和准确性负责。

第二篇　施工准备阶段

第四章 施工准备阶段质量安全风险评估

第一节 质量安全风险监管程序和内容

按照《地铁及地下工程建设风险管理指南》（建质〔2007〕254号），风险管理的目标是在安全可靠、经济合理、技术可行的前提下，把地铁与隧道工程建设期中潜在的各类风险降低到尽可能低的水平，以获得最大程度的建设安全与优质的工程质量，控制工程建设投资，降低经济损失或人员伤亡，保障工程建设工期，提高风险效益。

工程风险管理的流程包括：风险界定、风险辨识、风险估计、风险评价和风险控制，各阶段的工作内容见图4-1。

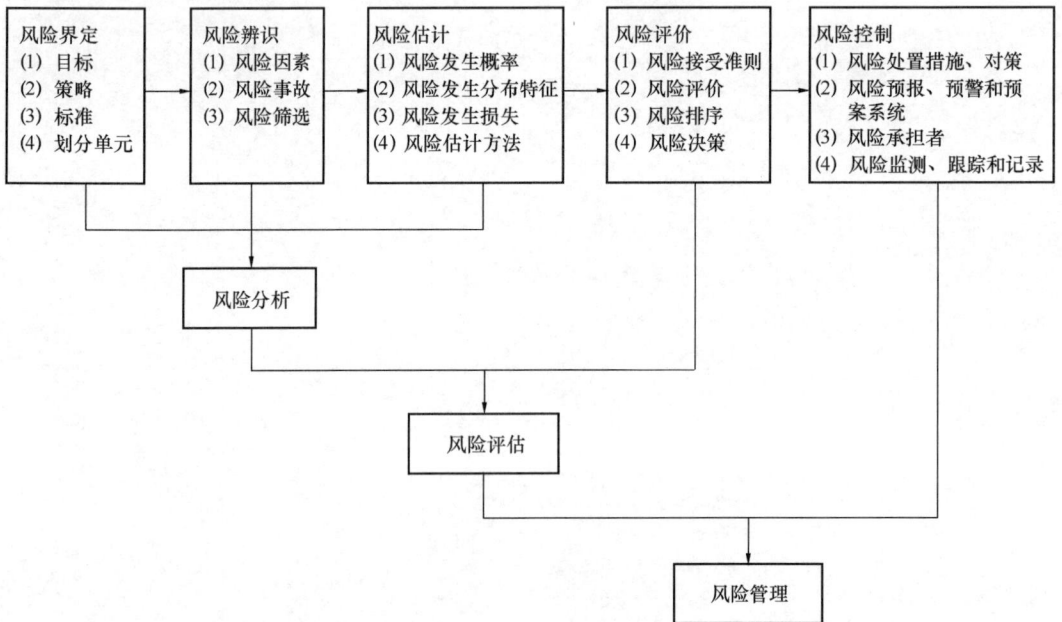

图 4-1　工程风险管理流程

一、风险评估

按照风险管理的流程，风险评估包括风险界定、风险辨识、风险估计、风险评价四个环节。

1. 开展风险评估的要求

（1）建设单位应在初步设计阶段组织开展工程项目风险评估，全面、系统地对地铁与隧道工程建设过程中影响工程及其周边环境安全质量的各类风险进行界定、识别、估计、评价和分级，提出风险处置措施和风险管理策略建议，并编制风险评估报告。

（2）在工程施工前，施工单位根据工程条件、施工方法以及设备，按照工程施工进度和工序，对工程风险进行二次风险评估和整理，对工程的重大风险进行梳理和分析，确定工程风险等级，并对重大风险提出规避措施和事故预案，完成风险评估报告。

（3）风险评估工作应按照图 4-2 所示的工作流程进行。

（4）开展风险评估时，必须收集与工程相关的详细资料，包括：可行性研究报告、环境影响评价报告、地质灾害危险性评估报告、设计文件、建设场地岩土工程勘察报告、周边环境调查成果资料、项目所在地类似工程的建设经验、事故案例等。

（5）评估人员应进行现场踏勘，了解项目沿线地形、地貌、工程周边环境等。

（6）风险评估应在分析工程资料和现场踏勘的基础上，首先界定风险类别、范围，识别风险评估对象可能存在的各类风险因素的来源、原因、特点和可能导致的风险事件，编制风险识别清单。

（7）评估人员应当在编制风险识别清单的基础上，估计风险事件发生的可能性，评价风险事件发生后对工程及其周边环境造成的危害。

（8）评估人员应结合当地的工程风险特点、工程建设规模、建设管理能力和经验、经济和社会发展水平等因素确定风险等级划分标准，再针对具体风险评估对象评定风险等级，并进行排序，编制工程风险等级清单。

（9）针对不同等级的风险，按照风险处置原则，对勘察设计、环境调查、监控量测和风险管理等工作提出建议。

（10）风险评估报告的内容应包括：工程概况、编制依据、风险评估程序和评估方法、风险评估内容、风险对策措施及建议、风险评估结论。

2. 风险评估的主要方法

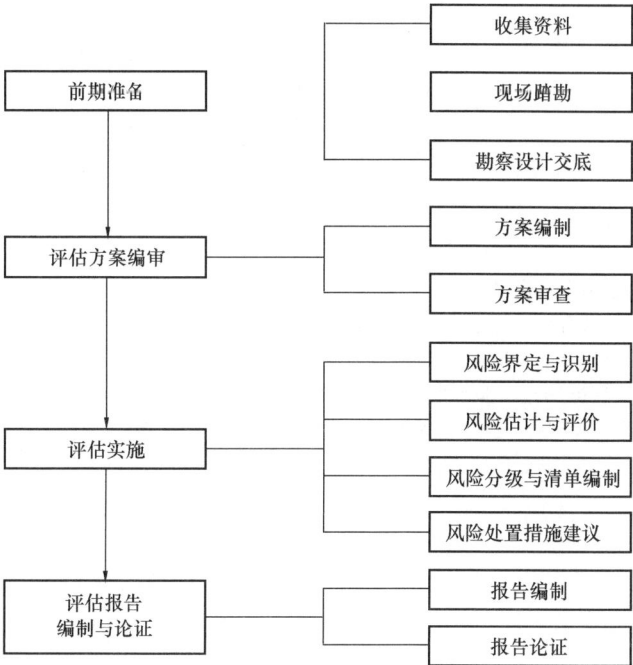

图 4-2　风险评估的基本流程

风险分析的方法有多种，包括定性分析方法、定量分析方法和半定量分析方法。主要的风险评估方法的特点及其适用性如表 4-1 所示。

常见的风险评估方法对比 表 4-1

名称	优点	缺点	适用范围
专家调查法（包括智暴法、德尔菲法）	可防止由于专家多而产生当面交流困难、效率低。避免因权威作用或人数众多而压倒其他意见。多次征询意见，专家可修改意见，防止专家考虑错漏造成的误差。具有专家评议法的优点	由于专家不能当面交流，缺乏沟通，可能会坚持错误意见。由于是函询法，且又多次重复，会使某些专家最后不耐烦而不仔细考虑就填写。具有专家评议法的缺点	1. 难以借助精确的分析技术而可依靠集体的直观判断进行预测的风险分析问题。 2. 问题庞大复杂，专家代表不同的专业并没有交流的历史。 3. 受时间、经费限制，或因专家之间存有分歧、隔阂，不宜当面交换意见
模糊数学综合评判法	模糊数学综合评判法给出了一个数学模型，它简单、容易掌握，是对多因素、多层次的复杂问题评判效果比较好的方法，其适用性较广	模糊数学综合评判法隶属函数或隶属度的确定、评价因素对评价对象的权重的确定都有很大的主观性，其结果也存在较大的主观性。同时对于多因素、多层次的复杂评价，其计算则比较复杂	模糊数学综合评判方法适用于任何系统的任何环节，其适用性比较广
层次分析法（AHP）	具有适用、简洁、实用和系统的特点	AHP 得出的结果是粗略的方案排序。对于那种有较高定量要求的决策问题，单纯应用 AHP 是不适合的。在 AHP 的使用过程中，无论建立层次结构还是构造判断矩阵，人的主观判断、选择、偏好对结果的影响极大，判断失误即可能造成决策失误。这就使得用 AHP 进行决策主观成分很大	AHP 应用领域比较广阔，可以分析社会、经济以及科学管理领域中的问题。适用于任何领域的任何环节。但不适用于层次复杂的系统
风险评价矩阵法	根据系统层次按次序揭示系统、分系统和设备中的危险，做到不漏任何一项，并按风险的可能性和严重性分类，以便分别按轻重缓急采取措施更适合现场作业，可以进行定性和定量分析	1. 主观性比较强，如果经验不足，会对分析带来麻烦。 2. 风险严重等级及风险发生频率是研究者自行确定的，存在较大的主观误差	该方法可根据使用的需求对风险等级划分进行修改，使其适用于不同的分析系统，但要有一定的工程经验和数据资料作依据。其既可适用于整个系统，又可以适用于系统中某一环节
LEC 评价法	简单易行，危险程度的级别划分比较清楚、醒目	由于它主要根据经验来确定三个因素的分数值及划定危险程度等级，因此具有一定的局限性	主要适用于操作方面的，对生产经营及管理策划方面的适用性较差

二、施工安全风险控制

安全风险控制是风险管理流程的最后一个重要的环节。在施工阶段，风险控制的措施如下。

1. 施工组织设计和专项施工方案的编审要求

（1）施工组织设计和专项施工方案应由项目负责人主持编制，可根据需要分阶段编制和审批。

（2）施工组织设计应由总承包单位技术负责人审批；重点、难点分部（分项）工程和专项工程施工方案应由施工单位技术部门组织相关专家评审，施工单位技术负责人批准。

（3）由专业承包单位施工的分部（分项）工程或专项工程的施工方案，应由专业承包单位技术负责人审批，总承包单位项目技术负责人核准备案。

（4）符合专家论证条件的专项施工方案必须请专家进行论证。

2. 施工组织设计和专项施工方案的基本内容

施工组织设计和专项施工方案应包括编制依据、工程概况、施工部署、施工进度计划、施工准备与资源配置计划、主要施工方法、施工现场平面布置及主要施工管理计划等基本内容。

（1）工程主要情况、工程施工条件

明确工程的主要情况、工程施工条件、水文地质、周边环境，针对工程的重点和难点，明确主要组织管理和技术措施、施工安排。

（2）施工准备及资源配置计划

1）技术准备：包括施工所需技术资料的准备、图纸深化和技术交底的要求、试验检验和测试工作计划、样板制作计划以及与相关单位的技术交接计划等。

2）现场准备：包括生产、生活等临时设施的准备以及与相关单位进行现场交接的计划等。

3）资金准备：编制资金使用计划等。

4）劳动力配置计划：确定工程用工量并编制专业工种劳动力计划表。

5）物资配置计划：包括工程材料和设备配置计划、周转材料和施工机具配置计划以及计量、测量和检验仪器配置计划等。

（3）施工平面布置

1）项目施工用地范围内的地形状况。

2）全部拟建的建（构）筑物和其他基础设施的位置。

3）项目施工用地范围内的加工设施、运输设施、存贮设施、供电设施、供水供热设施、排水排污设施、临时施工道路和办公、生活用房等。

4）施工现场必备的安全、消防、保卫和环境保护等设施。

5）相邻的地上、地下既有建（构）筑物及相关环境。

（4）施工方法及工艺要求主要应明确的内容

1）分部（分项）工程或专项工程施工方法并进行必要的技术核算，对主要分项工程（工序）明确施工工艺要求。

2）对易出现安全问题、施工难度大、技术含量高的分项工程（工序）等应作出重点说明。

3）对使用的新技术、新工艺以及采用的新材料、新设备应通过必要的试验或论证并制订计划。

4）对季节性施工应提出具体要求。

（5）安全管理计划应包括的内容

1）确定项目重要危险源，制订项目职业健康安全管理目标。

2）建立有管理层次的项目安全管理组织机构并明确职责。

3）建立具有针对性的安全生产管理制度和职工安全教育培训制度。

4）针对项目重要危险源，制订相应的安全技术措施；对达到一定规模的危险性较大的分部（分项）工程和特殊工种的作业应制定专项安全技术措施的编制计划。

5）根据季节、气候的变化制订相应的季节性安全施工措施。

6）建立现场安全检查制度，并对安全事故的处理作出相应规定。

（6）环境管理计划应包括的内容

1）确定项目重要环境因素，制订项目环境管理目标。

2）建立项目环境管理的组织机构并明确职责。

3）根据项目特点进行环境保护方面的资源配置。

4）制订现场环境保护的控制措施。

5）建立现场环境检查制度，并对环境事故的处理作出相应的规定。

第二节　轨道交通工程周边环境调查与核查

一、环境调查与核查的主要内容

地铁与隧道工程周边环境（以下简称周边环境），是指地铁与隧道工程建设影响范围内的建（构）筑物、管线、桥梁、隧道、道路、轨道交通设施、地表水体等。

1. 环境调查与核查的范围

根据地铁与隧道工程的主要施工工法，环境调查与核查的范围可参考表 4-2。

表 4-2

环境调查与核查范围参考表

工法类别	环境调查与核查范围	备　注
明（盖）挖法	不小于基坑边缘以外 $2H$	H——基坑深度
矿山法	不小于隧道两侧各 $2H_i$（H_i 小于 $3B$ 的浅埋隧道）或 $2B$（H_i 大于 $3B$ 的深埋隧道）	H_i——隧道设计顶板埋深；B——隧道设计开挖宽度
盾构法	不小于隧道两侧各 $2H_i$（H_i 小于 $3D$ 的浅埋隧道）或 $2D$（H_i 大于 $3D$ 的深埋隧道）	H_i——隧道设计顶板埋深；D——盾构隧道设计外径
地铁工程的地面线的环境调查范围原则上不小于线路外边线两侧各 30m		

注：参考依据为《公路隧道施工技术规范》JTG F60—2009、《地下铁道工程施工及验收规范》GB 50299—1999、《盾构法隧道施工与验收规范》GB 50446—2008、《城市地铁与隧道工程周边环境调查指南》。

2. 环境调查与核查的内容

地铁与隧道工程环境调查主要包括周边环境的名称、类型（或用途）、平面位置及与地铁和隧道工程的相对关系、修建年代或竣工日期、产权管理或使用单位、修建单位（含建设、勘察、设计、施工单位等）、使用现状、竣工图纸及特殊保护要求等，具体内容如下：

（1）地上建（构）筑物需重点调查建（构）筑物层数、高度、结构形式、基础形式、基础埋深（标高）、设计允许沉降量和沉降观测资料等内容。采用复合地基、桩基的建（构）筑物还包括地基基础的主要设计参数、施工工艺等。

（2）周边建（构）筑物需重点调查结构形式，外轮廓尺寸，顶、底板埋深（标高），施工开挖范围，支护结构形式，抗浮措施等内容。人防工程还包括防护等级、出入口位置、渗漏情况等。

（3）地下管线需重点调查管线的类型、功能、材质、管径、位置、走向、埋设方式、埋深（标高）、施工方法等内容。各类管道还包括管节长度、接口形式、接头位置、拐折点坐标、管径变化位置、节门（或检查井）位置、工作压力（或充满度）、使用情况（正常、废弃、渗漏）等。

（4）桥梁需重点调查结构形式、桥宽、桥长、跨度、基础形式及桥梁承载力标准、桥梁限载、限速、桥面及涵洞破损情况、桩基参数（桩长、桩径等）、设计允许沉降变形量和沉降变形观测资料等内容。

（5）隧道需重点调查隧道的顶、底板埋深（标高）、断面尺寸，衬砌厚度，施工方法，人防联通，附属结构（洞门、竖井、小室），变形缝设置及渗漏情况等内容。

（6）道路需重点调查道路等级、路面材料、路面宽度、路基填料及填筑厚度、支挡结构等内容。

（7）地铁工程设施需重点调查敷设方式、线路形式、道床形式、行车间隔、运行速度、车辆荷载、轨道变形要求等内容。

地铁工程设施地下线参照隧道调查内容。

地铁工程设施地面线还包括路基形式、填筑厚度等。

地铁工程设施高架线参照桥梁调查内容。

（8）地表水体需重点调查水体范围、水底淤泥厚度、防洪水位、通航要求、防渗方式、水工建（构）筑物的设计允许沉降量和沉降观测资料等内容。

（9）水井需重点调查井深、井径、井壁材质、出水量等内容。

（10）文物需重点调查文物等级、分布范围、保护控制范围等内容。

（11）周边环境核查除以上内容外，还应包括施工便道、施工场地、拆迁、弃渣场地、供水、供电和通信条件等。

二、环境调查与核查报告的编制要求

1. 环境调查与核查报告的程序

（1）建设单位应当组织开展环境调查工作，并在工程概算中确定环境调查相关费用。

（2）通过查询收集、实地调查走访和必要的现场勘察探测等手段，获取周边环境资料，掌握周边环境实际情况，并编制环境调查报告。

（3）环境调查可以分阶段进行，满足工程建设相应阶段的要求，一般可以分为线路规划阶段的沿线周边环境调查、勘察前的沿线周边环境调查、设计前的沿线周边环境调查、施工前的周边环境调查等。

（4）设计单位应当根据地铁与隧道工程的线路位置、敷设方式、埋置深度、施工方法、结构形式及所处地质条件等因素综合确定环境调查的范围。

（5）开展环境调查前应编制环境调查纲要和调查表。环境调查纲要主要包括工程概况、调查目的和依据、调查范围和对象、调查内容、调查方法和手段、调查成果等。

（6）勘察与施工单位应当在勘察作业、工程施工前对工程周边环境进行核查，并形成核查报告，发现工程周边环境现状与建设单位提供的环境调查报告不一致时，建设单位应当组织有关单位及时补充完善。

（7）环境调查报告和环境核查资料是组织施工、第三方监测、项目安全风险评估的基础和依据，相关部门和单位应当支持、配合环境调查工作，如实提供周边环境相关资料。

2. 环境调查与核查报告的内容

（1）环境调查与核查报告主要包括以下内容：

1）工程概况；

2）调查与核查目的和依据；

3）调查与核查范围和对象；

4）调查与核查方法和手段；

5）调查与核查成果及资料说明；

6）周边环境风险说明及对工程设计、施工的建议；

7）附图、附表。

（2）环境调查与核查报告的附图、附表主要包括：

1）周边环境基本情况调查与核查统计表；

2）调查与核查对象相关图纸；

3）现场有关影像资料、实测数据；

4）相关资料复印件等。

（3）调查人、核查人、校核人等应当在环境调查报告上签字或者盖章。

（4）环境调查与核查成果及资料应当真实、准确、完整，满足地铁与隧道工程勘察、设计、施工、监理、监测等的需要。

三、环境调查与核查报告的成果运用

环境调查与核查工作完成后，各责任主体单位应重点利用其中成果来指导安全生产和施工管理。

（1）建设单位将阶段性环境调查报告及时提交给勘察、设计、施工、监理、监测等单位，并在开工前会同各相关产权单位组织召开环境保护工作的专题会议，根据会议纪要及有关图档资料，和相关产权单位一起向总包或分包施工单位进行保护周边环境的（书面）交底工作。

（2）建设单位审核施工单位编制的周边环境保护方案以及需特殊处理加固的专项施工方案，并加强对第三方监测单位的管理，要求其对周边环境进行跟踪监测与巡视。

（3）勘察单位根据线路周边环境调查报告编写勘察方案，外业工作时严格执行方案和安全生产有关规定，并采取保护勘察作业范围内的地下管线和周边建（构）筑物等的措施，保证外业作业的安全质量。勘察单位提交的勘察文件应明确说明周边环境条件可能造成的工程风险，必要时针对其条件提出专项勘察建议。

（4）设计单位根据线路周边环境调查报告和专项勘察建议编写设计方案，根据工程周边环境的现状评估报告提出设计处理措施，必要时进行专项设计。对于设计的各站点和区间周边环境的情况应予以具体说明，并明确周边环境调查的范围和深度。

（5）施工单位根据周边环境调查报告、周边建（构）筑物安全评估和鉴定报告、专项勘察建议、专项设计以及相关产权单位的交底资料等对周边环境进行核查，如有可能对工程周边环境造成严重损害的分部分项工程应编制专项施工方案，必要时还须进行专家论证。

（6）施工单位针对工程周边环境须编制专项的保护方案和应急预案，保护方案和应急预案须经勘察、设计、建设、监理和相关产权单位认可方能施工；在施工前将地下管线、周边建（构）筑物等基本情况、相应保护及应急措施等向施工作业班组和作业人员作详细说明，并在现场设置明显标识，施工过程中应当指定专人保护现场地下管线及周边建（构）筑物等。

（7）进行信息化施工，加强对周边环境动态数据的监测，根据监测数据及时调整施工方案，确保周边环境的正常运行。一旦发生事故，施工单位应当及时报告相关管理部门，并积极主动地配合相关产权单位进行抢修，以缩小影响和减少经济损失。

（8）对于已经处于保护状态的地下管线、周边建（构）筑物等，施工单位应组织勘察、设计、建设、监理和相关产权单位对保护体安全状态、保护结构装置的力学性能等进行实验检测和联合验收，检测验收合格后方能进入下一道工序。

（9）发现资料与实际有差异或者未探明的周边环境情况时，及时向建设单位和工程监理单位报告，并要求建设单位补充相关资料。未探明管线破裂时，应立即停止施工，并启动应急预案，采取应急措施，待周边相关产权单位修复后方可施工。

（10）第三方监测单位应对工程周边环境现状等进行监测、安全巡视和综合分析，及时向设计、监理、施工单位反馈监测数据和巡视信息。对周边环境的关键部位，第三方监测宜与施工监测同点位、同时段监测，监理对监测结果及时比对分析，提出指导施工的建设性意见。

（11）监理单位审查施工组织设计（专项施工方案）中周边环境保护技术措施以及与周边环境相关的专项施工方案是否符合工程建设强制性标准。在监理过程中，发现存在周边环境事故隐患时，应及时对施工单位提出整改措施或者要求其停止施工，施工单位拒不整改或者拒不停止施工的，监理单位应当及时报告建设单位。

（12）周边环境调查与核查报告中的重点内容以及应急救援预案应向周边建（构）筑物使用个体和公众进行公示，针对施工过程中周边建（构）筑物可能引发的安全事故，建设单位和施工单位都应组织周边建（构）筑物使用个体和公众进行应急演练。

（13）施工完成后，要对施工区域内以及毗邻区的周边环境恢复情况进行核对，检查其是否处于正常稳定状态。

四、各责任主体单位进行环境调查与核查的工作要求

1. 环境调查与核查存在的问题

（1）环境调查工作没有完善，未提供施工现场及周边环境调查报告，部分相关环境资料［如管线和建（构）筑物］提供不全，部分管线找不到产权单位。

（2）由于没有环境调查报告，未对临近施工区域的建（构）筑物等进行安全影响评估和鉴定，勘察与施工单位的环境核查工作有很大的局限性，导致勘测资料、施工方案、监测方案、危险源的管理等出现较大的漏洞，引起施工现场地下管线及周边建（构）筑物保护不当等，易诱发安全隐患和事故。

2. 环境调查与核查的工作要求

根据《城市轨道交通工程质量安全管理暂行办法》（建质〔2010〕5号）以及《城市地铁与隧道工程周边环境调查指南》要求，各责任单位应重视对周边环境的调查与核查工作，必须做好如下工作。

（1）建设单位

1）项目动工前，建设单位可委托有相应资质的单位对施工现场及毗邻区域内的环境进行调查，以及对临近施工区域的现有周边建（构）筑物等进行安全影响评估，必要时须作安全鉴定。

2）调查报告形成后应组织专家和审查机构对其进行评估和鉴定，评估、鉴定通过后方能向各相关单位进行交底。

3）应对周边环境按照影响程度进行分类，对其中影响较大的部分可进行重点加固和监测管理。

（2）施工单位

1）应了解工程所在地的环境保护要求，对工程影响范围内的建（构）筑物运用探坑、地质雷达扫描或者超声波检测等方法进行核查和必要的补充调查。

2）对周边环境进行详细核查，辨别其中对施工影响重大的因素，特别是对须重点保护的临近施工区域的建（构）筑物，应严格核查其主要结构参数，排查分析裂缝等。

3）周边环境核查报告的形成是一个动态管理的过程，应在施工过程中不断对其进行细化和完善。

（3）监理单位

1）对建设单位或委托的第三方单位进行环境调查时，进行有效的指导和提出建设性意见，协助完成环境调查报告。

2）督促施工单位针对环境调查报告进行现场核查，重点区域和重要部位应进行核查旁站，并审核环境核查报告，如有调查核查不到位的，要求建设单位补充调查以及施工单位补充核查。

第五章 地铁轨道交通工程周边环境监测管理

第一节 周边环境监测的项目

地铁与隧道工程施工常用工法有暗挖法、盾构法及明（盖）挖法，不同的工法有其相应的主要监测项目。监测项目分为应测项目和选测项目两部分，监测项目的选择应根据地铁与隧道工程的重要性、难易程度、工程地质和水文条件、结构形式、基坑深度、施工方法、经济情况、工程周边环境等综合确定。此外，根据工程的具体情况，还会有一些其他应监测的对象（由设计和有关单位共同确定）。

1. 暗挖法施工监测项目

（1）暗挖法施工的应测项目有：洞内外观察、地表沉降、邻近建（构）筑物（包括沉降、倾斜、裂缝）、地下管线沉降、初期支护拱顶沉降、初期支护净空收敛、爆破振动。

（2）暗挖法施工的选测项目有：围岩压力、围岩内部位移、钢支撑应力、初期支护内应力、二次衬砌内应力、锚杆内力。

（3）暗挖法监测部分项目的监测点布置如图 5-1、图 5-2 所示。

2. 盾构法施工的监测项目

（1）盾构法施工的应测项目有：洞内外观察、地表隆陷、邻近建（构）筑物（包括沉降、倾斜、裂缝）、地下管线沉降、管片衬砌变形。

（2）盾构法施工的监测项目有：土体分层沉降及水平位移、管片衬砌和地层间接触应力、管片内力。

（3）盾构法监测部分项目的监测点布置如图 5-3 所示。

3. 明（盖）挖法施工的监测项目

（1）明（盖）挖法施工的应测项目有：基坑及周围环境描述、地表沉降、周边建（构）筑物变形、地下管线沉降、围护桩（墙）顶部水平位移和竖向位移、支撑轴力、地下水位、盖挖法顶板内力、盖挖法立柱内力及沉降、竖井井壁净空收敛、深层水平位移。

（2）明（盖）挖法施工的选测项目有：围护桩（墙）内力、孔隙水压力、基坑底部隆起、锚杆受力。

第二节 周边环境监测的范围

（1）暗挖法、盾构法施工规范监测范围。

暗挖法与盾构法施工监测规范范围分为两部分：一部分为隧道支护结构及围岩，一部分为从隧道中线向两侧 $(1\sim2)$ $(b/2+h+h_0)$（其中，b 为隧道开挖宽度，h 为隧道开挖高度，h_0 为隧道埋深）范围内的地面及建（构）筑物、管线及需要保护的对象（参考《公路隧道施工技术规范》JTG/T F60—2009)。

（2）明（盖）挖法施工规范监测范围。

明（盖）挖法施工监测规范范围可分为：基坑及支护结构、基坑周边环境两部分。基坑及支护结构的监测范围在水平方向上为基坑支护结构围成的封闭区域内，在竖直方向上为地表至基坑开挖深度的 1.5 倍范围内。基坑周边环境的监测范围在水平方向上为基坑边缘以外 1~3 倍基坑开挖深度范围，必要时应扩大范围，在竖直方向上由周边建（构）筑物高度及管线埋置深度决定（参考《建筑基坑工程监测技术规范》GB 50497—2009)。

（3）地铁车站和区间、铁路、公路、桥梁、隧道、涵洞、重点保护文物、高压线塔等需特殊保护的重要构筑物。

（4）住宅、商务楼、办公楼等重要建筑物，尤其是天然地基基础的房子。

第三节　周边环境监测项及监测频率

按照《公路隧道施工技术规范》JTG F60—2009、《地下铁道工程施工及验收规范》GB 50299—1999、《城市轨道交通工程检测技术规范》GB 50911—2013，地铁与隧道工程暗挖法、盾构法、明（盖）挖法施工的监测项目及其监测频率分别如表 5-1～表 5-3 所示。

暗挖法监测项目和量测频率　　　　　　　　　表 5-1

类别	监测项目	量测仪器和工具	监测范围及测点布置	量测频率
应测项目	洞内外观察	地质描述及拱架支护状态观察	每一开挖环	开挖后立即进行
	地表沉降	水准仪和水平尺	每 10～50m 一个断面，每一断面 7～11 个测点	开挖面距量测断面前后小于 2B 时，1～2 次/d；开挖面距量测断面前后小于 5B 时，1 次/2d；开挖面距量测断面前后大于 5B 时，1 次/周
	邻近建（构）筑物变化	水准仪和水平尺	每 10～50m 一个断面，每一断面 7～11 个测点	开挖面距量测断面前后小于 2B 时，1～2 次/d；开挖面距量测断面前后小于 5B 时，1 次/2d；开挖面距量测断面前后大于 5B 时，1 次/周
	地下管线沉降	水准仪和水平尺	每 10～50m 一个断面，每一断面 7～11 个测点	开挖面距量测断面前后小于 2B 时，1～2 次/d；开挖面距量测断面前后小于 5B 时，1 次/2d；开挖面距量测断面前后大于 5B 时，1 次/周
	初期支护拱顶沉降	水准仪、钢尺等	每 5～30m 一个断面，每一断面 1～3 个测点	开挖面距量测断面前后小于 2B 时，1～2 次/d；开挖面距量测断面前后小于 5B 时，1 次/2d；开挖面距量测断面前后>5B 时，1 次/周
	初期支护净空收敛	收敛仪	每 5～100m 一个断面，每一断面 2～3 个测点	开挖面距量测断面前后小于 2B 时，1～2 次/d；开挖面距量测断面前后小于 5B 时，1 次/2d；开挖面距量测断面前后大于 5B 时，1 次/周
	爆破振动振动速度和噪声	声波仪及测振仪等	质点振速根据结构要求设点，噪声根据规定的测距设置	随爆破及时进行

类别	监测项目	量测仪器和工具	监测范围及测点布置	量测频率
选测项目	围岩压力	压力传感器	每一代表性地段设一断面，每一断面15～20个测点	开挖面距量测断面前后小于2B时，1～2次/d； 开挖面距量测断面前后小于5B时，1次/2d； 开挖面距量测断面前后大于5B时，1次/周
	围岩内部位移	地面钻孔安放位移计、测斜仪器	每一代表性地段设一断面，每一断面2～3孔	开挖面距量测断面前后小于2B时，1～2次/d； 开挖面距量测断面前后小于5B时，1次/2d； 开挖面距量测断面前后大于5B时，1次/周
	钢支撑应力	支柱压力计或其他测力计	每10～30榀钢拱架设一对测力计	开挖面距量测断面前后小于2B时，1～2次/d； 开挖面距量测断面前后小于5B时，1次/2d； 开挖面距量测断面前后大于5B时，1次/周
	初期支护内应力	混凝土内的应变计及应力计	每一代表性地段设一断面，每一断面11个测点	开挖面距量测断面前后小于2B时，1～2次/d； 开挖面距量测断面前后小于5B时，1次/2d； 开挖面距量测断面前后大于5B时，1次/周
	二次衬砌内应力	混凝土内的应变计及应力计	每一代表性地段设一断面，每一断面11个测点	开挖面距量测断面前后小于2B时，1～2次/d； 开挖面距量测断面前后小于5B时，1次/2d； 开挖面距量测断面前后大于5B时，1次/周
	锚杆内力	锚杆测力计及拉拔器	必要时进行	开挖面距量测断面前后小于2B时，1～2次/d； 开挖面距量测断面前后小于5B时，1次/2d； 开挖面距量测断面前后大于5B时，1次/周

注：1. B 为隧道开挖跨度。
　　2. 地质描述包括工程地质和水文地质。

盾构法监测项目和量测频率　　　　　　　　　　　　　　表 5-2

类别	监测项目	量测仪器和工具	监测范围及测点布置	量测频率
应测项目	洞内外观察	洞内的管片衬砌变形、开裂等，洞外的地表沉降开裂、建筑物开裂等的肉眼观察	—	每天不少于1次
	地表沉降	水准仪	每10～30m一个断面，每一断面不少于7个测点；在盾构始发的100m掘进段内，宜适当加密测点，并宜布置一定数量的横向监测断面	掘进面距监测断面前后不大于20m时，1～2次/d； 掘进面距监测断面前后不大于50m时，1次/2d； 掘进面距监测断面前后大于50m时，1次/周
	邻近建（构）筑物变化	水准仪、全站仪或经纬仪、裂缝观测仪	根据建（构）筑物的沉降、倾斜、裂缝的不同内容分别布置	建（构）筑物沉降和倾斜监测频率与地表沉降量测频率相同； 建（构）筑物裂缝监测频率按照两次观测期间裂缝发展不大于0.1mm及裂缝所处位置而定

类别	监测项目	量测仪器和工具	监测范围及测点布置	量测频率
应测项目	地下管线沉降	水准仪	每 5～15m 一个测点	掘进面距监测断面前后不大于20m时，1～2次/d；掘进面距监测断面前后不大于50m时，1次/2d；掘进面距监测断面前后大于50m时，1次/周
	管片衬砌变形	全站仪、收敛仪、断面扫描仪	每一盾构施工的区间隧道设1～2个主测断面	分别在衬砌拼装成环，但尚未脱出盾尾即无外荷载作用时和衬砌环脱出盾尾承受外荷作用且能通视时两个阶段进行
选测项目	土体分层沉降及水平位移	分层沉降仪、测斜仪	与上述主测断面相对应地设1～2个主测断面	掘进面距监测断面前后不大于20m时，1～2次/d；掘进面距监测断面前后不大于50m时，1次/2d；掘进面距监测断面前后大于50m时，1次/周
	管片衬砌和地层间接触应力	土压力盒、频率接收仪	与上述主测断面相对应地设1～2个主测断面，每一断面不少于5个测点	掘进面距监测断面前后不大于20m时，1～2次/d；掘进面距监测断面前后不大于50m时，1次/2d；掘进面距监测断面前后大于50m时，1次/周
	管片内力	钢筋应力计、混凝土应变计、螺栓应力计	与上述主测断面相对应地设1～2个主测断面，每一断面不少于5个测点	掘进面距监测断面前后不大于20m时，1～2次/d；掘进面距监测断面前后不大于50m时，1次/2d；掘进面距监测断面前后大于50m时，1次/周

注：参考《盾构法隧道施工与验收规范》GB 50446—2008、《地下铁道工程施工及验收规范》GB 50299—1999、《地铁工程监控量测技术规程》DB11/490—2007、《城市轨道交通工程检测技术规范》GB 50911—2013。

明（盖）挖法监测项目和量测频率 表 5-3

类别	监测项目	量测仪器和工具	监测范围及测点布置	量测频率
应测项目	基坑及周围环境描述	肉眼观察	对开挖后工程地质与水文地质的观察记录，支护裂隙和支护状态的观察描述，邻近建（构）筑物及地面的变形、裂缝等的观察描述	全过程，1次/d，情况异常时，加密监测频率
	地表沉降	水准仪	在基坑四周距坑边10m范围内沿坑边设2排沉降测点，排距3～8m，点距5～10m	基坑开挖深度不大于5m，1次/2d；5～10m，1次/d；大于10m，2次/d；底板浇筑后时间不超过7d，2次/d；7～28d，1次/d；超过28d，1次/3d
	周边建（构）筑物变形	水准仪、经纬仪或全站仪、裂缝观测仪	基坑开挖深度约1～2倍距离范围内，在建筑物拐角上、高低悬殊或新旧建筑物连接处、伸缩缝、沉降缝和不同埋深基础的两侧，每幢建筑物上不宜少于1个沉降点、2组倾斜测点	基坑开挖深度不大于5m，1次/2d；5～10m，1次/d；大于10m，2次/d。底板浇筑后时间不超过7d，2次/d；7～28d，1次/d；超过28d，1次/3d

类别	监测项目	量测仪器和工具	监测范围及测点布置	量测频率
应测项目	地下管线沉降	水准仪	基坑开挖深度约1~2倍距离范围，重要管线、管线接头处均应布置测点，沿管线延伸方向每5~15m布设一个沉降测点	基坑开挖深度不大于5m，1次/2d；5~10m，1次/d；大于10m，2次/d。底板浇筑后时间不超过7d，2次/d；7~28d，1次/d；超过28d，1次/3d
	围护桩（墙）顶部水平位移和垂直位移	全站仪或经纬仪、水准仪	沿基坑长边设置3~4个主测断面，断面在基坑两侧的桩（墙）顶设测点	基坑开挖深度不大于5m，1次/2d；5~10m，1次/d；大于10m，2次/d。底板浇筑后时间不超过7d，2次/d；7~28d，1次/d；超过28d，1次/3d
	支撑轴力	应变计、轴力计、频率接收仪	沿基坑长边设置3~4个主测断面，该断面的全部支撑均设测点。测点一般布置在支撑的端部或中部	基坑开挖深度不大于5m，1次/2d；5~10m，1次/d；大于10m，2次/d。底板浇筑后时间不超过7d，2次/d；7~28d，1次/d；超过28d，1次/3d
	地下水位	电测水位计、PVC塑料管、可利用降水井	基坑的4个角点以及基坑的长短边中点布置测点，或沿基坑长边每20~40m布置一个测点，测点距基坑围护结构距离为1.5~2m左右	基坑开挖深度不大于5m，1次/2d；5~10m，1次/d；大于10m，2次/d。底板浇筑后时间不超过7d，2次/d；7~28d，1次/d；超过28d，1次/3d
	盖挖法顶板内力	应变计、钢筋计、频率接收仪	在立柱与顶板的纵横断面上，立柱与顶板的刚性连接部位以及2根立柱的跨中部位各布置2个测点	基坑开挖深度不大于5m，1次/2d；5~10m，1次/d；大于10m，2次/d。底板浇筑后时间不超过7d，2次/d；7~28d，1次/d；超过28d，1次/3d
	盖挖法立柱内力及沉降	水准仪、表面应变计、频率接收仪	柱身全高，在标准段选择4~5根具有代表性的立柱进行内力和沉降监测，测点布置在立柱的端部或中部	基坑开挖深度不大于5m，1次/2d；5~10m，1次/d；大于10m，2次/d。底板浇筑后时间不超过7d，2次/d；7~28d，1次/d；超过28d，1次/3d
	竖井井壁净空收敛	收敛计	竖井结构的长、短边中点，沿竖向3~5m设置一个监测断面；每个监测断面不少于2条测线	基坑开挖深度不大于5m，1次/2d；5~10m，1次/d；大于10m，2次/d。底板浇筑后时间不超过7d，2次/d；7~28d，1次/d；超过28d，1次/3d
	深层水位位移	测斜仪	沿基坑长边位置设3~4个主测断面，该断面在基坑两侧对应的桩（墙）均设测点。监测深度应不小于围护结构深度。同时，在基坑的深度变化处宜增加测点	基坑开挖深度不大于5m，1次/2d；5~10m，1次/d；大于10m，2次/d。底板浇筑后时间不超过7d，2次/d；7~28d，1次/d；超过28d，1次/3d

类别	监测项目	量测仪器和工具	监测范围及测点布置	量测频率
选测项目	围护桩（墙）内力	应力计、频率接收仪	沿基坑长边位置设3～4个主测断面，该断面在基坑两侧对应的桩（墙）均设测点。基坑深度变化处及基坑的拐角处桩体宜增加测点	基坑开挖深度不大于5m，1次/2d；5～10m，1次/d；大于10m，2次/d。底板浇筑后时间不超过7d，2次/d；7～28d，1次/d；超过28d，1次/3d
	孔隙水压力	孔隙水压力计	与地下水相同	基坑开挖深度不大于5m，1次/2d；5～10m，1次/d；大于10m，2次/d。底板浇筑后时间不超过7d，2次/d；7～28d，1次/d；超过28d，1次/3d
	基坑底部隆起	水准仪	基坑中线处设2～3点	1次/d，直至结构底板铺设时停止监测
	锚杆受力	锚杆轴力计、钢筋计、频率接收仪	每100根锚杆选取1～3根，应与桩和支撑监测位置相同	1次/d，基坑施工全过程

注：参考《建筑基坑工程监测技术规范》GB 50497—2009、《地铁工程监控量测技术规程》DB 11/490—2007、《城市轨道交通工程检测技术规范》GB 50911—2013。

第四节　周边环境监测报警

（1）工程监测必须确定监测报警值，监测报警值应满足基坑工程设计、地下结构设计以及周边环境中被保护对象的控制要求。监测报警值应由设计方确定。

（2）基坑工程监测报警值应由监测项目的累计变化量和变化速率值共同控制，暗挖法、盾构法及明（盖）挖法施工各类监测报警值如表5-4～表5-6所示。

暗挖法施工各类监测报警值　　　　　　表5-4

序号	监测项目	报警值	
		总量（mm）	速率（mm/d）
1	地表沉降	30	2～5
2	拱顶沉降	30	2～5
3	水平沉降	20	1～3

注：参考《公路隧道施工技术规范》JTG/T F60—2009、《地铁工程监控量测技术规程》DB 11/490—2007、《城市轨道交通工程检测技术规范》GB 50911—2013。

盾构法施工各类监测报警值　　　　　　表5-5

序号	监测项目	报警值	
		总量（mm）	速率（mm/d）
1	地表沉降	30	1～3
2	地表隆起	10	1～3
3	拱顶沉降	30	1～3

注：参考《地铁工程监控量测技术规程》DB 11/490—2007、《城市轨道交通工程检测技术规范》GB 50911—2013。

明（盖）挖法施工各类监测报警值　　　　　　　　　　　表 5-6

序号	监测项目	报警值	
		总量（mm）	速率（mm/d）
1	地表沉降	25～35	2～3
2	建（构）筑物沉降	10～60	1～3
3	建（构）筑物倾斜	局部倾斜：$0.002H$ 整体倾斜：$0.004H$，当 $H>24$m 时 $0.003H$，当 $H\leqslant24$m	—
4	地下管线沉降	10～40	1～5
5	围护桩（墙）顶部水平位移	25～30	2～3
6	围护桩（墙）顶部竖向位移	10～20	2～3
7	支撑轴力	$(60\%～70\%)f_2$	—
8	地下水位	1000	500
9	深层水平位移	40～50	2～3
10	围护桩（墙）内力	$(60\%～70\%)f_2$	—
11	孔隙水压力	$(60\%～70\%)f_1$	—
12	基坑底部隆起	25～35	2～3
	锚杆受力	$(60\%～70\%)f_2$	—

注：H 为基坑深度，f_1 为荷载设计值，f_2 为构件承载力设计值。

　　基坑及支护结构监测报警值应根据土质特征、设计结果及当地经验等因素确定。无当地经验时，可根据图纸特征、设计结果及《建筑工程基坑监测技术规范》GB 50497—2009 中表 8.0.4 确定。

第五节　监　测　数　据　分　析

　　监测数据分析方法主要有比较法、作图法和数学分析法。

一、比较法

　　比较法是将监测得出来的数据与设计中的监测报警值或极限容许值进行比较分析的方法，当监测值达到一定程度时就进行报警并采取相应措施，是最基本、也是目前用得最多的分析方法。

　　比较法的特点是具有及时性、简便性、可操作性。

二、作图法

　　作图法是对监测数据进行整理，然后绘制相关变量间，变量与常量间的曲线图并对曲线图进行分析的方法。在此以隧道中拱顶下沉监测位移—时间曲线和位移—距离曲线为例对作图法进行说明，如图 5-1 所示。

　　在通常情况下，拱顶下沉测点布设后其位移变化速率会随时间的持续及距掌子面距离的增长而变小，如图 5-5 中的两条"正常曲线"所示。但有时会出现位移急剧增长（位移变化速率变大）的情况，如图 5-1 中的两条"反常曲线"所示，在曲线图中的表现形式是

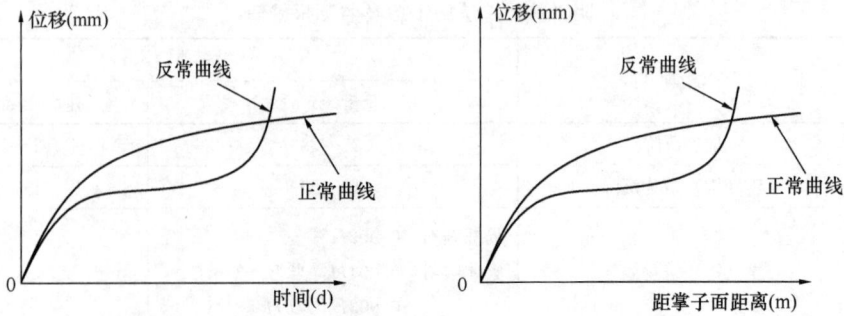

图 5-1　时间-位移曲线和距离-位移曲线

反弯点的出现。反常曲线的出现可能由于正常施工引起，如该拱顶下沉测点断面位置进行了下台阶开挖或掌子面进行了注浆，都有可能引起反常曲线，也是正常的，但同样需要加强监测，注意控制。而当反常曲线不是由于正常施工导致时，则需要引起高度重视并采取有效措施。另外，因工程监测是一个系统，系统内的各项目监测有着必须的、内在的联系，作图法分析还应结合多个监测项目进行，才能通过相互印证，去伪存真。

作图法分析应结合施工工况、其他监测项目综合进行，特点是具有直观性、整体性、综合性、科学性。

三、数学分析法

数学分析法是在取得足够的数据后，根据数据分布状况找出规律，用相应的数字公式进行描述的方法，主要有回归分析法和统计分析法等。数学分析法的特点是具有前瞻性、预测性、超前性。

1. 回归分析法

回归分析法，即将监测数据代入特定的函数并求出函数中的常数，也就是进行回归分析，常用回归函数有：

（1）对数函数，如：

$$u = a + b \cdot \ln(t + 1)$$

$$u = a \cdot \ln\left(\frac{b + T}{b + t_0}\right)$$

（2）指数函数，如：

$$u = a \cdot b^{-b/t}$$

$$u = a \cdot (e^{-bt_0} - e^{-bT})$$

（3）双曲函数，如：

$$u = \frac{t}{a + b \cdot t}$$

$$u = a \cdot \left[\left(\frac{1}{1 + b \cdot t_0}\right)^2 - \left(\frac{1}{1 + b \cdot T}\right)^2\right]$$

式中　u——位移值（mm）；

a、b——回归常数；

t_0——测点初读数时距开挖时的时间（d）；

t——初读数后的时间（d）；

32

T——量测时距开挖时的时间（d）。

将监测数据代入各类函数，选择最符合数据分布规律的函数，并确定相应的回归函数常数值，从而对监测项目数据的发展趋势进行预测。通常会将求出的回归函数绘制成典型的曲线图，以方便观察，如图 5-2 所示。

回归分析的作用是能预测尚未稳定的监测项目的变化趋势，可能出现的最大位移值或应力值，以起到心中有数、提前防范的作用。

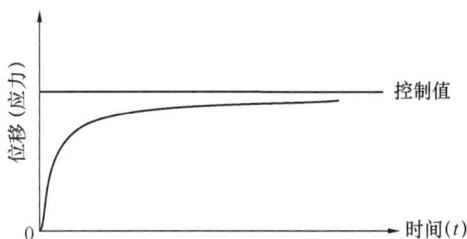

图 5-2　回归分析示意图

2. 统计分析法

概率统计分析法，是将各监测项目的量测值及其影响因素作为统计样本进行统计分析，将影响监测值大小的因素看做随机变量 x_1，x_2，$\cdots$，x_n，将该监测值看做这些随机变量的函数 F（x_1、x_2，$\cdots$，x_n），找到这些随机变量所服从的联合分布函数，从而预测尚未开展的监测项目的值。

仍以隧道拱顶下沉的统计分析为例进行说明。为简便起见，这里假设影响拱顶下沉的因素只有开挖方法和围岩等级，将开挖方法定义为随机变量 x_1、将围岩等级定义为随机变量 x_2，拱顶下沉量则为 x_1、x_2 的联合分布函数 F（x_1，x_2）。对于某条正在施工的特长隧道目前已取得了 500 个拱顶下沉值，并知道每个拱顶下沉值所对应的开挖方法与围岩等级，对这些数据进行统计分析，能得到 F（x_1，x_2）的分布函数表达式，由此便可以预测到还没有施工部分的拱顶下沉值。

当然，影响拱顶下沉的因素远不止两种，实际运用中应将所有可能的因素都考虑进来。

统计分析法可以基于已经取得的监测成果，得到还没有开展的监测项目的概率分布函数，也就是能预测监测项目的值，并能以此对设计中的报警值进行修正或重新确定。

第六节　监测信息反馈、成果运用

一、监测信息反馈

对监测资料进行整编和分析后，要及时将资料反馈给建设方、施工、监理和设计单位，所采取的反馈方法包括：

（1）监测简报：以不定期的形式，将监测和巡视过程中发现的问题、资料分析后发现的异常情况及时通报给有关各方，特殊情况下加密。

（2）监测报表：以定期（日报、周报、月报）的形式，将监测对象的情况、出现的问题、工作意见或建议及时通报有关各方。

（3）监测成果综合分析报告：

1）当工程结束或达到某一阶段时，应对监测资料进行综合分析，提出综合分析报告。

2）分析监测资料要根据建筑物的特点，选取典型部位的资料加以分析，以反映具有某些（种）特点的建筑物工作状态，并判断是否合理。

3）分析资料时，要注意建筑物是在哪些（种）荷载作用下（如水位、温升、温降、地震等）进行观测所取得的资料，与相应设计工况下的设计计算值（或模型试验值）进行对比分析，以判断建筑物的稳定性。

4）对于采取了工程加固措施的部位，应根据该部位的监测资料分析其是否发挥了预期的作用，以校核设计。

5）安全监测资料应尽可能做到系统、准确，以便全面反映各主要建筑物的运行工况。

（4）紧急情况下，可采取口头、电话等手段及时通报。

（5）建设单位应该确定监测信息反馈流程，确定反馈信息格式、反馈对象及反馈周期等。

一般地，监测及信息反馈流程及各方关系如图 5-3、图 5-4 所示。

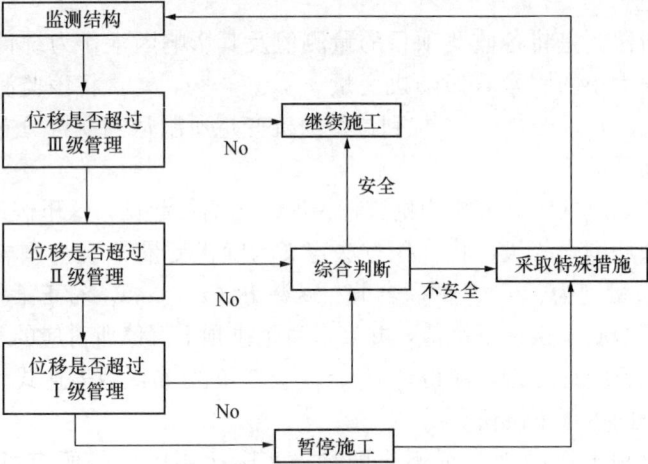

图 5-3　监测反馈程序图

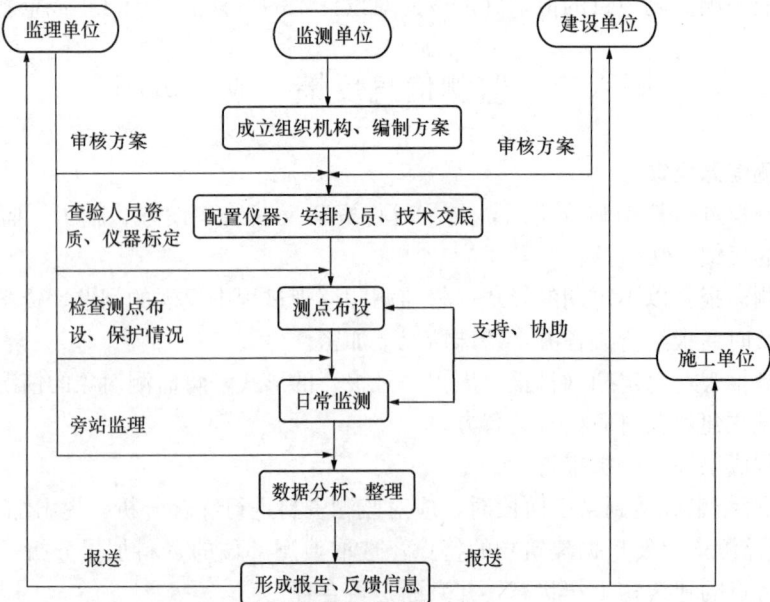

图 5-4　监控量测流程及各方关系图

二、监测成果的运用

（1）监控量测数据分析处理后，应按照要求及时绘制各种相关曲线和图表、完善监测成果报告并向相关单位进行监测信息反馈，为指导施工提供可靠的数据依据，提高施工风险预知性。

（2）实行以监测指导施工的动态监测管理模式，当数据一直较稳定，且远远低于报警值时，施工单位可以向设计、建设等责任主体单位进行汇报，请求设计变更，以及组织专家会审后，可以从技术、经济层面上优化施工方案。

（3）当监测数据异常增大时应进行核对分析，找出现场存在的安全隐患，从施工角度采取措施，调整施工参数等。另外，加强监测管理，加密监测频率，找出规律，为以后的类似情况提供案例分析依据。

（4）出现报警情况时，应首先暂停施工，为复核监测报警数据，应重新进行监测，确认为监测报警后，立即启动应急预案，采取施工应对措施。同时加强监测管理，加密监测频率，对报警点一定范围内的相关监测项目也应进行监测，以此相互印证和综合分析评价该工程是否处于安全可控状态。

第七节　监测的预警和应急响应

地铁与隧道工程各责任主体单位都应建立监测报警应急机制。建设单位应建立"施工单位全面监测＋第三方监测单位重点监测，监理单位比对、分析施工监测和第三方监测数据及巡视信息，风险预警以第三方监测单位为主"的预警管理模式。

施工监测和第三方监测单位应建立监测报警机制，应明确报警责任人，报警责任人应为监测项目的主要负责人。施工、监理、设计及建设单位应确定报警接收人，并将报警接收人姓名、职务、联系方式等信息报送给监测单位，各单位报警接收人都应为该项目的主要负责人。

当有监测项目达到或超过报警值时，监测单位应在第一时间电话或口头通知各施工、监理、设计及建设单位，并迅速编制报警快报报送至各单位。监测单位应分析导致监测项目报警的原因，并提出相应的处理措施。同时监测单位应加密监测频率，不仅对报警的项目应加密监测频率，而且对可能有影响的其他监测项目也应加密监测，对加密监测频率的具体值应予以明确。

施工单位应编制应急预案并组织演练，应建立报警响应机制，明确报警响应责任人。对可能出现的报警监测情况应有预见性的评估，并应事先制订相应的有针对性的处理措施。施工单位接到报警通知后应高度重视，迅速组织技术人员对施工现场进行排查，是否有违规作业和不按设计施工的现象，同时应采取相应的处理措施，必要时应暂停施工。采取措施后施工单位还应注意分析监测单位提供的后续报表，以了解所采取措施的有效性并判断是否要采取进一步措施。

监理单位在接到报警通知后应立即督促施工单位启动应急预案并采取相应处理措施，同时应督促监测单位加强监测力度、提高监测频率。监理单位也应结合施工情况对报警原因进行分析，并加强旁站、巡视力度。当报警一直得不到消除时，应督促施工单位暂停施工。

设计单位在接到报警通知后应组织人员查看施工现场，查看各工序是否按设计施工及各项指标是否达到设计要求，并应结合设计经验与专业知识分析原因，提出处理建议。

建设单位在接到报警通知后应提醒施工单位、监理单位、设计单位引起高度重视并采取相应措施。当需要暂停施工时，建设单位应组织施工、监理、设计、监测单位召开专题会议，必要时邀请业内专家进行论证，提出有效的解决措施和处理意见。

监测预警及各方响应流程如图 5-5 所示。

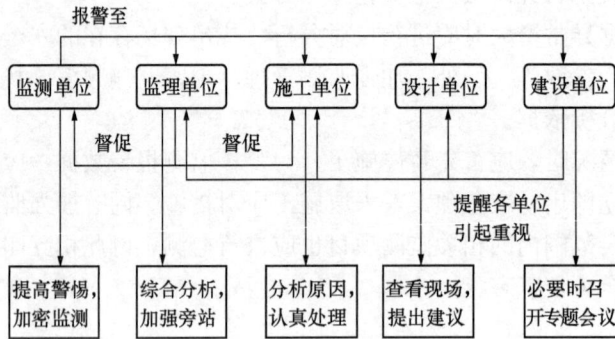

图 5-5　需要预警时流程图及各方关系图

第三篇　施工管理阶段

第六章 车站及附属结构

城市轨道交通建设工程车站及附属结构施工管理阶段质量安全风险监管按工艺顺序主要分为四个阶段进行，分别为基坑围护结构施工管理阶段、基坑开挖施工管理阶段、钢筋混凝土结构施工管理阶段以及装饰装修阶段。

第一节 基坑围护结构

根据杭州市的工程地质、水文地质条件以及周边环境等因素，杭州市城市轨道交通建设工程车站及附属结构基坑围护结构常用地下连续墙围护结构、咬合桩围护结构、SMW工法桩围护结构以及少部分采用复合土钉墙围护等形式。

一、质量安全风险管理内容

1. 地下连续墙围护结构质量风险管理内容

地下连续墙围护结构是车站主体结构、附属结构基坑常用的围护结构形式之一，地下连续墙围护结构质量风险管理主要包括以下几点。

（1）导墙施工质量风险管理内容

导墙的施工质量，是保证地下连续墙施工质量、安全的关键，导墙质量管理不仅包括导墙制作时的施工质量管理，还包括导墙制作后相应的保护管理，防止导墙变形或破坏。

根据《建筑基坑工程技术规范》YB 9258—1997 的要求，导墙的深度根据土质情况确定，土质较差或为填土的，一般应进行加固，导墙的深度一般不少于 1.5m，墙顶高出施工地面 0.1～0.2m，净距为地下墙设计厚度加 40～60mm。导墙施工标准如表 6-1所示。

地下连续墙导墙施工控制标准 表 6-1

序号	项　　目	单位	允许偏差
1	内墙面与纵轴线平行度	mm	±10
2	导墙内墙面垂直度	%	<0.5
3	内外导墙间距的净距差值	mm	±10
4	顶面平整度	mm	<5
5	内墙面平整度	mm	<3

导墙应严格按照设计、规范要求进行施工，在拆模后对墙间进行临时支撑防止导墙变形，在后续施工过程中应防止大型设备、车辆直接对导墙结构进行碾压等导致导墙破坏或变形情况发生。

（2）地下连续墙成槽质量安全风险管理内容

地下连续墙成槽质量安全风险主要包括成槽设备选型不合理、成槽清底工作不彻底、刷壁不满足要求、成槽垂直度不符合要求、墙幅间夹泥、槽壁坍塌等。其中成槽阶段的墙幅夹泥、槽壁坍塌主要由于护壁泥浆质量差、清底不彻底、清底验收后停置时间过久等原因造成。

1）成槽设备选型管理

成槽设备选型，必须根据实际工程地质条件选择适合型号和功率的成槽机。成槽设备类型主要有抓斗式、冲击式、铣槽机、多头钻等。

① 抓斗式成槽机具有结构简单、易于操作维修、运转费用低等特点，广泛应用在土质软弱的冲积地层，造墙厚度一般在 30～150cm。该类型设备在杭州地区使用普遍，但不适用于大块石、漂石、基岩等地质环境，当岩土层标准贯入数值大于 40 击/30cm 时，采用该设备成槽效率很低（图 6-1）。

② 冲击式成槽设备具有对地层适应性强等特点，适用于一般软土地层，也可适用于砾石、卵石、基岩，价格低廉，但具有工作效率较低等缺点（图 6-2）。

图 6-1　抓斗式成槽机

图 6-2　冲击式成槽机

③ 液压铣槽机具有设备先进、工效快的特点，适用于不同地质条件，尤其地下连续墙入基岩一定深度的较深基坑工程或基岩埋藏浅的地质条件，但该设备较昂贵，使用成本较高，不适用于漂石、大孤石地层（图 6-3）。

④ 多头钻成槽机由几台回转钻机组合而成并进行一次成槽，该成槽设备具有挖掘速度快，机械化程度高，设备体积、自重大等特点，但该设备不适用于卵石、漂石地层，更不能用于基岩（图 6-4）。

2）地下连续墙成槽清底管理

槽段清底工作应在吊放接头装置之前进行。清底工序包括清除槽底沉淀的泥渣和置换槽中的泥浆，清底应按下列技术要求办理：

① 清底之前应检测节段平面位置、横截面和竖面。如槽壁竖向倾斜、弯曲和宽度不足等超过允许偏差时，应进行修槽工作，使其符合要求。节段接头处应用刷子或高压射水清扫。

图 6-3　液压铣槽机

图 6-4　多头钻成槽机

②清底工作宜根据设备条件采用抓斗排渣法、反循环泥浆泵排泥法、潜水电泵排泥法、空气升液排泥法等。

③清理槽底和置换泥浆工作结束 1h 后，应进行检验，槽底以上 200mm 处的泥浆相对密度不应大于 1.15，槽底沉淀物厚度应符合设计要求。

3）成槽垂直度检测管理

地下连续墙成槽后应及时采用超声波方法进行垂直度检测，检测单位必须达到相应资质要求。检测时要求检测设备摆平对中，缓缓下放探头。垂直度检测时，应由现场监理工程师和施工单位质检员共同旁站，共同对检测结果进行分析，对于垂直度不符合要求的，要采取措施纠偏，达到要求后，方可进行下道工序施工（图 6-5）。

图 6-5　超声波检测

4）地下连续墙成槽刷壁管理

刷壁质量问题是影响地下连续墙接缝透水的重要原因，刷壁要求在铁刷上没有泥才可停止，一般至少需要刷 8 次，确保接头面的结合紧密。

刷壁时必须由现场监理与施工单位质检员共同旁站，经监理验收合格后，施工单位填写"地下连续墙＿＿单元槽段成槽记录表"（表 6-2），方可进行下一道工序施工。监理并应填写"地下连续墙防绕流、刷壁旁站监理记录表"（表 6-3、图 6-6）。

表 6-2

地下连续墙——单元槽段成槽记录表

杭 州 地 铁 工 程

承包单位：＿＿＿＿＿＿＿＿＿＿　　　　合同号：＿＿＿＿＿＿＿＿＿＿＿＿

监理单位：＿＿＿＿＿＿＿＿＿＿　　　　编　号：＿＿＿＿＿＿＿＿＿＿＿＿

地下连续墙＿＿＿单元槽段成槽记录表　　　　　　　　　H-30

工程名称					工程部位				
槽段编号：					成槽工艺：				
成槽开始时间：　　时　分					成槽完毕时间：　　时　分				
清孔工艺：					清孔次数：				
清孔开始时间：					清孔结束时间：				
刷壁工艺：					刷壁次数：				
刷壁开始时间：					刷壁结束时间：				
幅位 工作内容	边　幅				中　幅				边　幅
槽壁垂直度									
槽壁深度									
泥浆采集指标		相对密度	黏度	含砂率	pH 值	相对密度	黏度	含砂率	pH 值	相对密度	黏度	含砂率	pH 值
采浆深度	上												
	中												
	下												
施工情况										

工长：　　　质检员：　　　技术负责人：　　　监理工程师：　　　　　年　月　日

地下连续墙防绕流、刷壁旁站监理记录表 表6-3

杭 州 地 铁 工 程

承包单位：_____ 合同号：

监理单位：_____ 编 号：

地下连续墙防绕流、刷壁旁站监理记录表

序号	项目名称	接缝编号	刷壁次数	刷壁效果	刷壁起止时间	现场照片编号	备注
1	刷壁						
2	防绕流措施	焊接镀锌薄钢板					
		抛砂（石）袋					
		接头箱检查（规格下放深度等）					
		防绕流管的检查					
		其他					
工序负责人签字及日期							
专业质量检查人员签字及日期							
旁站监理签字及日期							
专业监理工程师签字及日期							
填写说明	1. 刷壁效果应达到：刷体上下顺畅，不摆动，无障碍现象。钢刷不夹泥且刷壁次数不少于8次。 2. 可附示意图。						

5）成槽泥浆护壁管理

泥浆材料：采用下列材料配制护壁泥浆：

①优质膨润土（钠基）；②水：自来水；③分散剂：纯碱（Na_2CO_3）；④增黏剂：CMCC；⑤加重剂：200目重晶石粉；⑥防漏剂：纸浆纤维。

泥浆性能指标及配合比设计，见表6-4、表6-5。

泥浆的各项性能指标 表6-4

项 目	新鲜泥浆	成槽泥浆	清孔后泥浆
黏度	22～26	25～30	25～30
相对密度	1.05～1.08	1.06～1.15	<1.15
含砂率	<4%	<8%	<4%
pH 值	8～10	8～11	8～10
泥皮厚	1mm	1mm	1mm

新鲜泥浆的基本配合比 表6-5

泥浆材料	膨润土	纯碱	CMCC	自来水
1m³ 投料量（kg）	130	4.5	1	950

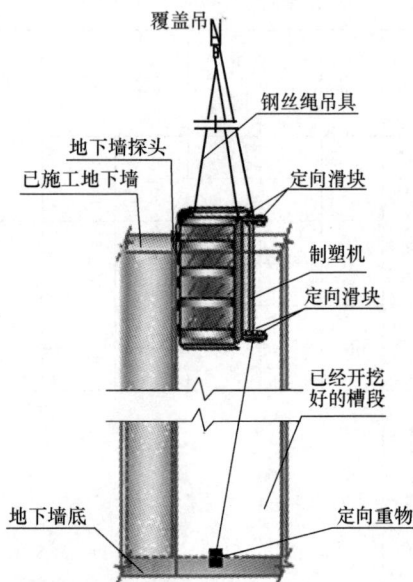

图 6-6 基坑刷壁示意图

42

废浆废弃标准如下：

①清孔清出来的泥浆予以废弃；

②浇灌混凝土回收泥浆中，当泥浆指标超过以下任何一指标时，泥浆应予以废弃。黏度大于45，pH值大于12，相对密度大于1.3。

（3）地下连续墙钢筋制作质量及吊装、入槽安全风险管理内容

1）钢筋笼制作质量管理内容

①必须对焊工进行焊接试验考核，合格后方可上岗作业。钢筋笼成型应在样板平台靠模上制作，以保证钢筋位置正确和焊接质量，平台距地面不小于250mm。

②分段制作的钢筋笼，应在平台上试装配，接头位置选在受力较小处。预留钢筋焊接或机械连接的长度符合设计和规范要求。

③设计无规定时，钢筋笼底端应在0.5m范围内作收口处理。

④为保证钢筋笼保护层厚度应按设计规定制作钢板垫板，垫板采用5mm厚钢板制作。

⑤吊点焊接应牢固，并保证钢筋笼的刚度，在钢筋笼上按设计加焊桁架筋和剪力筋。

⑥钢筋笼水平筋与桁架筋交叉点、吊点范围、钢筋笼口处应100%焊接，其他部位宜50%焊接。

⑦钢筋笼上的预埋件应按设计与钢筋连接牢固，外露面按设计要求覆盖包扎严密。

⑧钢筋笼成型后，应检查钢筋笼的制作精度，长、宽、高和钢筋间距、焊接、预埋件位置应符合设计及规范要求。

⑨钢筋笼制作验收合格后，在钢筋笼上标明上下头和里外面及单元槽段编号，并按入槽顺序堆放。

⑩对有检测、监测要求的槽段的检测元件应按检测要求将管焊牢在钢筋笼上，需接长时以螺纹连接。

⑪钢筋笼加工制作过程中应根据设计和检测的要求对地下连续墙墙体测斜管等监测元件、地下连续墙混凝土密实度检测管、地下连续墙注浆管及钢支撑节点的预埋接驳器等进行认真检查核对。

2）钢筋笼吊装质量风险管理内容

①钢筋吊装场地地基承载力应满足起重机承载要求。

②起重机进场报验资料齐全，性能应满足吊装方案的要求。

③起吊作业前，明确专人指挥，听从指令。

④高压电线下或与高压电线距离在危险范围内且没有断电，禁止进行吊装作业。

⑤查看周围地形环境，是否有影响吊装的不利因素，否则采取因素排除一切不利因素再开始吊装。

⑥进行吊装工序交底，由技术人员把吊装钢筋笼结构形式、结构尺寸、单体重量等向作业人员进行书面技术交底。

⑦吊装前对钢丝绳、卸扣等受力构件进行检查，起重机试运转，确保正常、无故障后方可吊装。

⑧复杂场地、人流密集的城区繁华地段的吊装方案，需经专家论证且实施过程中严格按方案进行落实。

3) 钢筋笼吊放入槽质量风险管理内容

①钢筋笼应在清底换浆合格后立即放入槽内，在运输和入槽过程中防止产生不可恢复的塑性变形，不能强行入槽；

②钢筋笼入槽时，应使钢筋笼对准单元槽中心垂直而正确地放入槽内；

③钢筋笼入槽后，应固定在导墙上，检查钢筋笼的顶面标高是否符合设计要求，并防止浇筑混凝土时钢筋笼浮起；

④钢筋笼吊放时，现场监理必须与施工单位质检员、安全员进行旁站监理，监理签证"钢筋隐蔽工程检查验收记录表"（表6-6）。

钢筋隐蔽工程检查验收记录表　　　　　　　　　　表6-6

杭 州 地 铁 工 程

承包单位：＿＿＿＿＿＿＿＿＿　　合同号：＿＿＿＿＿＿＿＿＿＿

监理单位：＿＿＿＿＿＿＿＿＿　　编　号：＿＿＿＿＿＿＿＿＿＿

钢筋隐蔽工程检查验收记录表　　　　　　　　　　H-1-3

工程名称		分部（子分部）工程名称		项目经理	
施工单位		验收部位		施工图号	
施工执行标准名称及编号		分项工程名称/检验批编号		联系单号或日期	
检 查 项 目		检查情况	说明或简图：		
纵向钢筋的品种、规格、数量、位置等					
钢筋的连接方式、接头位置、接头数量、接头面积百分率等					
箍筋、横向钢筋的品种、规格、数量间距等					
预埋件的规格、数量、位置等					
主筋锚固长度、节点构造等					
钢筋代换情况					
检查验收意见	施工单位 项目专业质量检查员（签名）： 项目专业技术负责人（签名）： 　　　　年 月 日		专业监理工程师（签名）： （建设单位项目专业技术负责人） 　　　　年 月 日		

4) 地下连续墙混凝土浇筑质量风险管理内容

①钢筋笼沉放就位后应及时灌注混凝土，浇筑液面的上升速度不宜小于 3m/h，并不应超过 4h；混凝土浇筑面宜高于地下连续墙设计顶面 500mm。

②混凝土的初灌量应保证埋管深度不小于500mm。

③混凝土应均匀连续灌注，因故中断灌注时间不得超过30min。

④混凝土灌注过程中，导管埋入混凝土深度应不小于3.0m，相邻两导管内混凝土高差不应大于0.5m。

⑤浇筑速度不宜过快，同时控制好导管的方位，及时拔起导管，防止导管被埋。

2. 咬合桩围护结构质量风险管理内容（图6-7）

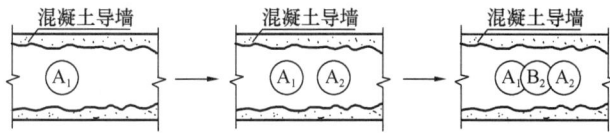

图6-7 咬合桩排桩施工示意图

（1）咬合桩混凝土导墙质量管理内容

1）检查导墙沟槽开挖是否符合设计要求，检查测量专业人员设定轴线及角点，并检查其布设导墙中线及桩位是否正确。

2）检查导墙的地基是否夯实，导墙背后是否用黏性土回填夯实。

3）测量核对模板的位置，模板应具有足够的承载能力、刚性和稳定性能，能可靠地承受新浇筑混凝土的自重和侧压力，保证导墙混凝土的施工质量。

4）导墙混凝土的施工质量应严格按照混凝土结构工程施工及验收规范的要求施工，导墙拆模后，做好养护。导墙内壁面垂直度允许偏差为3‰。

5）导墙能够给磨桩机提供作业平台，承受磨桩机在压、拔、扭动套桩管时的巨大作用力。

6）导墙能起到给套管定位、导向的作用。

7）导墙的安设能满足测量的要求，并与地面有足够的抗移动摩擦力，施工钻孔时灌注桩导墙不得发生位移。

（2）咬合桩成孔施工监管内容

1）因咬合桩B桩为超缓凝混凝土，咬合桩正式施工前应做试验，把握好施作B桩和A桩的最佳间隔时间，并在B桩初凝前及时切割成孔施作A桩。经现场试验确定B桩超缓凝混凝土缓凝时间，一般混凝土缓凝时间不小于72h。

2）咬合桩桩孔钻进使用的双壁钢套管的厚度应不小于40mm，连接套管的螺栓和螺母要满足强度和刚度的要求，使其即使在坚硬地层仍可保持整体垂直。

3）套管安装时，其垂直度必须校验，套管安放的垂直度不得超过3‰，特别是第一节套管垂直度将影响整个桩的垂直度。钻孔咬合桩施工前应在平整地面上进行套管顺直度的检查和校正。首先检查和校正单节套管的顺直度，然后将按照桩长配置的套管全部连接起来进行整根套管的顺直度检查和校正。单节套管（8m）的顺直度偏差应不大于4mm，整根套管（26～30m）的顺直度偏差应不大于20mm。另外，要加强成孔过程中地面以上及孔深范围内垂直度的检查与控制，发现问题，及时采取纠偏措施。

4）检查施工单位制定的防止和克服A桩成孔时来自B桩混凝土"管涌"的措施方案，主要控制在施工过程中应使钻进中套管超前于冲抓面一定距离（1.5～2.0m），使孔内留足一定厚度的反压土层，防止"管涌"。

5）当遇到坚硬地层套管很难进入时，应使用带有圆锥钻凿并配有捞取装置的短螺旋钻、旋转斗或岩心钻，将套管内的土壤破碎取出，直至预挖深度低于套管下端 0.5m 以上。预挖深度取决于地层的稳定性。

6）套管入土深度符合设计要求后，测量孔深，检查孔底地质情况是否与设计一致，确定终孔标高、桩长和入岩情况，检查孔内虚土和沉渣的清除，要求虚土沉渣厚度不得大于 100mm。若出现地质情况与勘察不符时，应请勘察、设计单位定出处理方案。

（3）咬合桩钢筋笼施工监管内容

1）检查钢筋笼是否按设计要求制作。

2）钢筋焊接前，必须对焊工进行焊接试验考核，考核合格后方可施焊。

3）检查主筋的搭焊接是否满足同一接头区域接头数量不得超过钢筋总数的一半。焊缝长度单面焊时为 $10d$，双面焊时不得小于 $5d$。

4）钢筋笼吊运时，检查施工单位是否采取适当措施防止扭转、弯曲。

5）检查钢筋笼的保护层厚度是否满足设计要求（80mm）。

6）钢筋笼制作允许偏差应符合设计和规范规定。

7）成孔检测合格后即可安放钢筋笼，钢筋笼安放标高，由套管顶端处的标高来计算，安放时必须保证桩顶的设计标高，允许误差为 ±100mm。钢筋笼放至设计标高后立即固定。

（4）咬合桩混凝土施工监管内容

1）在混凝土浇筑之前，其配合比应通过试验确定并经监理工程师审批通过，混凝土内氯离子、碱含量均应满足设计要求数值。混凝土坍落度宜采用 160～220mm。

2）混凝土配合比须满足设计要求的抗压强度等级、抗渗性能指标，配合比试配设计强度应按水下混凝土考虑，比设计图纸要求的强度高一等级。

3）孔内无水浇筑混凝土时，一般应用导管法浇筑。检查并保证导管口距桩底高度保持在 2m 以内，连续浇筑，振捣密实，如需中断浇筑时，其中断时间 A 桩不得超过混凝土初凝时间（约 1.5～2.5h），B 桩因为是超缓凝混凝土，可适当放宽时限。

4）当孔内渗水多，漏水较大时，应采用水下灌注施工法，灌注水下混凝土的导管和隔水栓的构造及使用应符合施工规范中有关规定。开灌前储料斗内必须有足以将导管的底端一次性埋入地下混凝土中 1m 以上深度的混凝土储存量。为保证水下混凝土的灌注能顺利进行，灌注前应拟定灌注方案，主要机具应有备用，灌注前应进行试运转。

5）套管应随桩体混凝土灌注逐段拔出，并始终保持套管底端低于混凝土面 2.5m 以上，严禁强行上拔。同时，桩钢筋笼上应设置防止钢筋笼随套管"上浮"的装置。

6）对 B 桩混凝土应使用缓凝剂或小骨料混凝土，预拌混凝土的初凝时间应视地质情况及钻孔速度而定，宜从最不利的情况考虑控制终凝时间。应督促承包商提前做好混凝土供应商提供的混凝土缓凝时间的试验，检查是否达到承包商的要求，做好记录以备查对。

7）灌注混凝土时，监理人员按规定进行旁站并做好记录。

8）每根桩留置混凝土强度试块不得少于一组；抗渗试块组数按规范留取（1 组/500 m³）。

3. SMW 工法桩围护结构质量风险管理内容（图 6-8）

（1）SMW 工法水泥土搅拌桩施工质量风险管理内容

1）施工前制订详细的施工专项方案，对施工操作人员进行技术交底。

2）施工前对施工场地的地下障碍物进行了解，及时清除障碍物，同时做好设备的检查保养工作，确保设备良好运行，并备足易损耗件，以备设备及时检修，确保钻进过程的连续。

3）水泥控制：水泥进场前，会同现场监理及业主对厂家进行考察，符合资质要求才允许采用。对进场的水泥，必须配

图 6-8   SMW 工法桩围檩钢筋绑扎示意图

有质保书、检验单，并按照进场批量、数量进行抽检。达到标准后才允许进行使用。

4）严格按设计要求确定水泥浆配合比，根据确定的水泥浆液的配合比，做好量具的检验。可行手段：严格控制水灰比、搅拌时间、浆液质量，注浆时控制注浆压力和注浆速度。

5）施工现场专职质量检查人员检查复合桩机，桩架的走位，钻孔的深度、速度，水泥浆液的搅拌操作规范，控制水灰比。

6）桩机移位、开钻、提升有现场指挥负责，开钻前需检查桩机平稳性，做到固定端正、桩架垂直，并采用测量仪器或其他手段，完成桩架的水平度、垂直度，在确认无误后，指挥下达操作命令。

7）严格控制钻管下钻、提升的速度，若出现注浆阻塞或断浆现象，应及时停泵，排除故障后，再采取有效的措施进行复喷浆，严防断桩、空桩。

8）施工过程中，水泥搅拌桩要保持连续施工。严禁钻管下钻、提升中途进行换岗接班，建立交接班记录制度。

9）若施工中遇不可预见因素造成长时间停钻，一旦出现施工冷缝，则应对冷缝进行适当的加固补强，应在外围增设素水泥土搅拌桩，并与主体围护桩紧密搭接，确保 SMW 工法围护结构强度及抗渗性能。

10）建立中央监控系统，统一调配控制，协调监控这些设备的运行，使桩体搅拌过程自始至终处于受控状态。

（2）H 型钢相关工序质量风险管理内容

1）型钢质量的检查。SMW 工法 H 型钢可以回收并反复使用，一些型钢在加工、使用、回收、运输、堆放存储等过程中受到损伤，其主要表现为 H 型钢变形、有效厚度因锈蚀或磨损减小、H 型钢材质疲劳受损强度降低。为了确保 SMW 工法 H 型钢质量，必须对 SMW 工法型钢进行外观检查，变形扭曲严重的、外表有明显裂纹的、锈蚀严重的 H 型钢均不能在 SMW 围护结构中使用。另外，对已多次反复使用，外观质量良好的 H 型钢进行一定比例的探伤检查，合格的方可使用。

2）型钢焊接质量的控制。为了保证 SMW 工法 H 型钢焊接质量，应建立从材料供应、焊接准备、组装、焊接、焊后处理至焊缝检验等全过程的质量控制系统。另外，尽量避免将相邻 H 型钢焊缝设置在同一断面上，同一断面接头数量不宜大于 50%。

3）型钢定位、安放垂直度的控制。H 型钢的定位、垂直度直接影响到支护体系的整

体安全，影响地下主体结构的施工质量。H型钢定位、安放垂直度控制不力，将导致H型钢参差不齐，围檩与竖向H型钢不能密贴和共同均匀受力，H型钢受力不均将导致水泥土开裂并出现渗漏现象，影响SMW工法桩支护体系的整体安全。偏斜的H型钢进入地下结构外墙界限内，将影响地下结构各工序的施工质量。另外，在拔出H型钢时，偏斜的H型钢在拔出过程中易受损变形，由于拔出力过大，可能引起地下结构外墙混凝土开裂。

4）型钢入土深度的控制。H型钢的入土深度，直接影响到基坑抗隆起稳定、抗渗流稳定、抗倾覆稳定、围护墙内力和变形。因此型钢入土深度必须严格按照设计要求施工，偷工减料必将造成严重的后果，在此项工序上，施工人员必须引起足够的重视。因此，在施工过程中，必须采取有效措施确保导沟开挖后放线定位的准确性，导沟上设置的定位、导向型钢支架一定要有足够的刚度和稳定性，在H型钢插放过程中真正起到定位导向作用，确保H型钢定位、垂直度控制准确。

（3）拆除SMW工法围护结构，拔出型钢的风险管理

1）SMW工法围护基坑挖土支撑完成后，即进入地下结构施工及拆除支撑施工，对于SMW工法围护结构与地下结构的间隙，要认真做好换撑工作，否则，将导致基坑坍塌及地下结构受损的情况发生。通常这些间隙的换撑采用分层填土夯实的办法来处理，对于间隙小无法确保回填土质量的，采用填砂水密实的方法。

2）拆撑必须遵循先换撑再拆撑的原则。

3）在拔除H型钢时应注意对周围建筑物、地下管线等重要构筑物的保护。若附近有重要建筑物或地下管线时，应对拔出H型钢后的空洞内注入水泥浆，使土体密实，减少对周围建筑物及地下管线的影响。

二、质量安全风险存在的问题

1. 地下连续墙围护结构施工常见的质量安全问题

（1）地下连续墙夹泥

地下连续墙夹泥通常发生在相邻槽孔接头缝内，墙底与地基之间，墙身顶部和导管中间位置出现在墙体表面上，或向墙内延伸一定深度，甚至贯穿墙体，形成夹泥缝洞，在墙体内或边界上集中渗漏通道，引起地基和其上建筑物的破坏，造成工程事故；地下连续墙夹泥另一方面也减少了墙体的有效厚度，降低了墙体的承受荷载和抵抗化学腐蚀的能力。归其主要原因有：泥浆质量差；清孔不彻底，清孔验收后停置时间过久；下放接头管和钢筋笼、埋设观测仪器等原因造成的孔壁坍塌；或混凝土浇灌时局部坍孔和泥皮崩落；混凝土配比不当，和易性差，离析；混凝土浇筑强度小，混凝土上升速度慢；导管间距大于混凝土的有效流动半径，灌注管摊铺面积不够，部分角落灌注不到被泥渣填充；导管接头不严，泥浆渗入导管；首批混凝土量不足，灌注管埋设深度不够，未能将泥浆与混凝土隔开，泥渣从底口进入混凝土内；导管提升过猛，或探测失误，导管埋置深度过浅，涌入泥渣；混凝土浇灌间断或浇灌时间过长，混凝土初凝失去流动性，继续灌注的混凝土顶破顶层上升，混入泥渣；接头孔壁泥皮刷洗不干净等都是造成墙体夹泥的主要因素。

（2）钢筋笼体上浮

1）成槽清孔至混凝土开始浇筑的间隔时间过长。规范规定：清孔合格后，应于4h内浇筑混凝土。但由于钢筋笼体接头工艺及施工条件的限制，开浇时间有时要比规定时间

长得多，给混凝土浇筑带来不利影响。

2）笼体变位。钢筋笼体顶部高程一般在$-2.0 \sim -1.0m$左右，笼体下设完毕后，有时不予以固定或固定不牢，就开始浇筑混凝土。而混凝土浇筑一段时间后，顶部泥皮厚度显著增加，在顶部形成一个"壳体"，以至钢筋笼体上移甚至浮出孔口。

（3）导管、接头管被埋

1）导管绕曲、位移，造成导管被埋。浇筑时，由于导管形状、位置的改变，使其接口法兰盘挂上钢筋笼体，造成导管无法取出。

2）浇筑速度太快，造成导管被埋。福建某工程某段墙体在浇筑混凝土时，由于混凝土质量很好，来料强度大，浇筑非常顺利，$0.5h$内混凝土就上升了$5.5 \sim 6m$，导管埋入混凝土的深度超过了$10m$，致使一组导管无法起出。

3）接头管被埋。四川某工程某段地下连续墙，当混凝土浇到上部时，由于起重机突然发生故障，不能有效地配合拔管机工作，致使接头管被埋墙体内达$10m$以上。

2. 咬合桩围护结构施工常见的质量安全问题

（1）咬合桩在施工过程中出现"管涌"。"管涌"是指在 A 桩（钢筋混凝土桩）成孔过程中，由于 B 桩（素混凝土桩）混凝土未凝固，还处于流动状态，B 桩混凝土有可能从 A、B 桩相交处涌入 A 桩孔内。

（2）钢筋笼出现上浮现象。由于套管内壁与钢筋笼外缘之间的空隙较小，在上拔套管的时候，钢筋笼有可能被套管带着一起上浮。

（3）咬合桩钻进入岩。咬合桩仅适用于软土地质，但施工中会遇到局部小范围区域少量桩入岩的情况。

（4）咬合桩施工过程中，因 B 桩超缓凝混凝土出现早凝现象或机械设备故障等原因，造成钻孔咬合桩的施工未能按正常要求进行而形成事故桩。

3. SMW 工法桩围护结构施工常见的质量安全问题

SMW 工法水泥土强度不满足设计要求

从目前 SMW 工法施工中水泥土强度来看：在 SMW 工法设计图纸中设计会提出如下设计要求，SMW 工法中水泥土 28d 无侧限抗压强度一般不小于 1.2MPa。但是在实际施工中，通过采用钻孔取芯进行水泥土强度试验证明：普遍地达不到 1.2MPa 的设计要求，而且水泥土强度的离散性很大，同时呈现随深度增加强度递减的规律。

SMW 工法水泥土强度还有一个重要现象：埋在地下时，强度形成非常慢，而一旦随着基坑的开挖暴露于空气中，强度上升非常快，基本三天可以达到设计指标。在水泥制品中，在能够满足水泥水化反应和施工可行性的前提下，水灰比越低，强度越高，因此选择低水灰比的方案是一个施工原则。目前 SMW 工法施工时水泥浆液的水灰比一般为：$1.5:1 \sim 2:1$，主要考虑搅拌后的水泥土中的含水量不能太小，以便 H 型钢可以靠自重下沉到位。导致水泥土强度偏低的原因分析：第一，如此高的水灰比，势必造成水泥土强度较低；第二，在水泥土中水泥掺量一定的前提下，越高的水灰比，势必造成水泥浆液灌注量的增加，同时造成产生更多的水泥土浆液溢出，增加外溢水泥土处理成本。综上所述，降低水泥浆液中水灰比是提高 SMW 工法中水泥土强度的一个重要因素。

三、质量安全风险监管的要点

1. 地下连续墙质量安全风险监管要点

（1）采用重度小、触变性能好、抗污染能力强的泥浆，混凝土和泥浆重度之差宜大于 $10kN/m^3$，适当加入外加剂如纯碱提高泥浆的抗污染能力。

（2）清孔时，要用新鲜泥浆把槽孔内的泥浆换出一部分或大部分，使孔底残留的淤积物最少，槽孔内泥浆指标尽量接近新鲜泥浆，以减少浇筑过程中产生的夹泥；清孔后，及时放置钢筋，灌注混凝土，减少停置时间。

（3）采用非钻凿式接头如接头管，使孔壁平整光滑，改善接头孔壁的刷洗质量。

（4）通过试验确定混凝土配比，保证混凝土具有良好的和易性与流动性；控制混凝土浇筑强度大于 $20\sim25m^3/h$，槽孔内混凝土上升速度大于 $2.0\sim3.0m/h$。

（5）导管接头采用粗丝扣，设橡胶圈密封；控制导管间距在 3m 左右，导管距孔端距离 $0.8\sim1.2m$，使各导管能够均匀进料，避免经常上下或左右提拉导管；保证首批混凝土灌入量足够充分，使其能把泥浆从导管中挤出，同时始终保持快速继续进行，尽量使各导管均衡提升和拆卸，相邻导管的埋深之差小于 $1.0\sim2.0m$，保证槽孔混凝土面均匀上升。

（6）控制导管埋入混凝土深度在 $2.0\sim6.0m$ 之间，中途停歇不超过 15min，导管埋入混凝土的时间不超过 2h，槽孔混凝土面距导管进料口高差始终大于 3m 以上；另外，还可采用二次开挖除去孔壁泥皮，减少槽孔壁上泥皮造成的"包块"和带状夹泥。

（7）混凝土浇筑中遇坍孔时，可将沉积在混凝土上的泥土吸出，继续灌注，同时应采取加大水头压力等措施；如混凝土凝固，可将导管提出，将混凝土清出，重新下导管，灌注混凝土；混凝土已凝固，出现夹层，应清除后采取压浆补强方法处理。

2. 咬合桩质量安全风险监管要点

（1）解决"管涌"的监管要点

1）B 桩混凝土的坍落度应相对小一些，不宜超过 18cm，以便于降低混凝土的流动性。

2）套管底口应始终保持超前于开挖面一定距离，以便于造成一段"瓶颈"，阻止混凝土的流动；如果钻机能力许可，这个距离越大越好，但至少不应小于 2.5m。

3）必要时（如遇地下障碍物套管底无法超前时）可向套管内注入一定量的水，通过水压力来平衡 A 桩混凝土的压力，阻止"管涌"的发生。

4）A 桩成孔过程中，应注意观察相邻两侧 B 桩混凝土顶面，如发现 B 桩混凝土下陷，应立即停止 A 桩开挖，并一边将套管尽量下压，一边向 A 桩内填土或注水，直到完全止住"管涌"。

（2）解决钢筋笼上浮现象的监管要点

1）A 桩混凝土的骨料粒径应小一些，不宜大于 20mm。

2）在钢筋笼底部焊上一块比钢筋笼直径略小的薄钢板以增加其抗浮能力。

3）必须安装钢筋笼导正器。

4）混凝土灌注必须按操作规程进行。

（3）解决咬合桩钻进入岩问题的监管要点

1）第一阶段：不论 A 桩或是 B 桩，先钻进，取土至岩面，然后卸下抓斗改换冲击锤，从套管内用冲击锤冲钻至桩底设计高度，成孔后向套管内填土，一边填土一边拔出套管（即第一阶段所成的孔用土填满）。

2）第二阶段：按钻孔咬合桩正常施工方法施工。

（4）事故桩处理的监管要点

1）平移桩位单侧咬合：A桩成孔施工时，其一侧B1桩的混凝土已经凝固，使套管钻机不能按正常要求切割咬合B1、B2桩。处理方法为向B2桩方向平移A桩桩位，使套管钻机单侧切割B2桩，施工A桩（凿除原桩位导墙，并严格控制桩位），并在B1桩和A桩外侧另增加1根旋喷桩作为防水处理。

2）背桩补强：A1桩成孔施工时，其两侧B1桩、B2桩的混凝土均已凝固，处理方法为放弃A1桩的施工，调整桩序，继续后面咬合桩的施工，以后在A1桩外侧增加3根咬合桩及2根旋喷桩作为补强。

3. SMW工法桩质量安全风险监管要点

提高水泥土强度的监管要点：

（1）在采用辅助措施，能使H型钢下沉到位的前提下，尽可能采用较低的水灰比，例如：采用振动锤辅助H型钢下沉。其次，还可在水泥浆液中掺加一些外掺剂，例如膨润土等。最好的方法是通过现场试验，确定其合理的配比及其强度值。

（2）目前水泥浆液的拌制大部分采用人工拌制，对浆液的质量人为影响比较大，往往造成水泥用量的减少，水灰比过大，造成水泥土强度低，因此必须加强操作人员的素质教育和质量管理工作，最好是采用先进的自动拌浆系统，减少人为因素的影响，并加强监管力度。

第二节 基 坑 开 挖

城市轨道交通建设工程中的车站基坑一般在16～17m深，对于同站换乘的，有的深度达到30m左右，车站的附属结构（出入口和风亭）开挖深度也在12m左右，均属于深基坑开挖范畴。

一、质量安全风险管理内容

1. 深基坑支护质量安全风险管理内容

（1）应编制专项施工方案并经过专家论证、审批后实施。

（2）工程所用材料、规格、品种应满足设计要求，经复试合格后方可使用。

（3）应按照设计的前后顺序、连接方法、节点处理要求进行施工。现场具体条件与设计不符时，应及时与设计沟通，征得设计认可后再进行后续施工。

（4）地下连续墙、钻孔灌注桩施工前，应对不良地质进行原位检验，制订相应措施。对相邻的边界环境条件进行核实，针对具体情况采取加固、保护、避让等措施进行预控，保证施工质量及相邻环境的安全。

（5）地下连续墙、钻孔灌注桩的钢筋笼吊装应编制吊装方案。用于钢筋笼吊装的重型起重机应进行进场验收，并修建合格的重载车辆行车道路。

（6）保证水平支撑轴线定位准确，水平标高准确，节点、断面、强度符合设计要求。采用钢管支撑，应对钢管质量进行进场验收，质量、规格必须符合设计要求。钢管支撑拼装应受力合理，安全稳定。钢管支撑的安装应与挖槽紧密配合，最迟不得超过挖槽后的12h，钢管支撑的预应力施加应满足设计要求。竖向支撑格构柱必须保证定位准确、垂直度符合设计要求，且与水平支撑的连接点符合设计要求。

（7）基坑支护工程完工后应进行全面质量检验与验收。

2. 基坑降水质量安全风险管理内容

（1）基坑降水前应进行降水计算，包括：地质水文分析、基坑突涌稳定性分析、减压井分析计算、疏干井分析计算、井点布置、降水井的构造、降水井施工技术要求、降水运行控制、减压降水引起的周边环境的沉降控制、降水监测及信息收集、应急预案、降水运行情况报告。

（2）降水井施工应保证井位、井深符合降水设计要求。降水井施工完成后应进行洗井、试运行，并进行质量验收。

（3）基坑降水应编制降水运行方案及应急措施，经审批后实施。基坑降水应遵循分层降水、按需降水、动态调整的原则进行，并根据不同部位、不同阶段、不同情况、实际降水效果分阶段提交降水分析报告，提出意见和建议。

深层承（微承）压水的降水应进行生产性试验，在取得第一手数据后，进行调整、优化设计方案。

（4）降水必须与基坑开挖协调配合。降水应根据工程开挖范围、开挖深度确定降水井的启动数量及降水标高，并根据监测结果适时调整。

（5）基坑降水期间应密切注意坑内坑外水位变化。发生异常情况时，应组织有关单位进行分析，找出原因，采取措施后再进行降水。

（6）根据杭州地区的水文地质特点，疏干降水井数量的计算宜采用 1.2 倍的安全系数，减压降水井数量的计算宜采用 1.4 倍的安全系数。降水设计、降水运行时，必须考虑各水层的竖向水力联系及带来的不良影响。

（7）降水运行时，应随时巡查。当基坑周边出现建筑物不均匀沉降倾斜、地下管线变形过大、地面开裂塌陷等异常情况时，应停止大量降水，采取维持性降水，立即分析原因，采取措施，排除隐患。

3. 基坑开挖质量安全风险管理内容

（1）基坑开挖前，应提前对基坑周边相邻的可能因基坑开挖产生不利影响的建筑、管线等进行加固或保护，确保周边环境的安全。

（2）基坑开挖前应会同监测单位、降水单位、监理单位对初期降水工作进行评价。对监测点的设置、监测设施、初始值量测等情况进行检查，满足开挖条件后方可施工。

（3）基坑开挖前应结合支护结构特点对开挖方式、开挖范围、开挖深度、周边环境及施工周期等情况进行风险因素分析，制订应急预案及应对措施。应急预案应针对土体的稳定状态，支护结构的应力、变形、裂缝、失稳，围护结构的渗漏水，基底的管涌，基坑相邻建筑物的沉降倾斜，地下管线的位移、开裂，有害气体、可燃气体跑冒引起的沉降下陷等进行专项应急抢险方案的编制，并按抢险方案落实材料、机械、设备等物资。

（4）土方开挖应严格按照开挖方案分区域、分部位、分层次进行。基坑挖深应按设计标高严格控制，不得超挖，当须深挖或在基底有预埋预设设施、设备时应报设计、监理、建设单位审查，批准后实施。当基坑较大且深浅不同时，应先进行浅区部分的开挖，待浅区部分达到稳定安全部位后再进行深区部分的开挖。当两个基坑相邻时，应先进行深坑的挖槽作业，待其达到稳定安全部位后，再进行浅基坑的施工。

（5）基坑开挖过程中，若发生支护结构变形较大、渗水漏水严重、基底管涌隆起、降水异常、地下水位变化过大、周边建筑沉降和地面塌陷超过警戒等险情时，应立即启动应急预案进行处理，与建设单位、设计单位、监理单位共同分析查找原因，待险情处理完毕并稳定后方可进行后续施工。险情应及时上报。

（6）基坑开挖过程中应与监测单位密切配合，对监测的重点项目进行重点控制，及时互通信息，适时分析监测结果，预测发展趋势，对可能产生的不良影响提前采取措施，实施预控。

二、质量安全风险存在的问题

（1）支护结构施工质量及整体效应较差导致基坑质量安全风险。

（2）基坑降水、排水控制不佳导致基坑风险。

（3）基坑土方开挖方法与进度不合理导致基坑风险。

（4）支护结构渗漏水处理不到位导致基坑质量安全风险。

（5）基坑内勘探孔的封堵不密实，串通承压水，导致基坑风险。

（6）出现基底的隆起现象导致基坑风险。

（7）基底出现管涌。

（8）基坑周边建筑物保护不到位，导致建筑物结构损坏。

（9）基坑周边地表的变形、位移、开裂、塌陷，地下管线失效产生的风险。

（10）坑内、外地下水位控制不佳影响基坑稳定性。

（11）支护结构应力、变形、位移过大或变化速率较大引起基坑风险。

（12）基坑周边的堆载和振动荷载超过允许荷载导致基坑变形。

三、质量安全风险监管的要点

1. 基坑开挖质量监管要点

（1）基坑土方开挖过程是否满足专项方案；

（2）基坑降水井、减压井布置是否满足设计要求；

（3）基坑监测方案编制、审批、实施情况；

（4）基坑监测数据反馈、统计情况；

（5）对监测数据超过预警值的处理情况；

（6）基坑支护是否满足设计要求；

（7）围护结构渗漏情况；

（8）深基坑专项方案审查、批准情况，抽查监测报告，开挖条件验收记录及基底验收记录。

2. 基坑开挖安全风险监管要点

（1）基坑开挖施工方案安全技术措施审批。

（2）基坑周边防护。

（3）预防机械伤害措施。

（4）垂直运输、吊装措施。

（5）安全操作规程、安全技术交底等资料。

（6）支撑支护方案安全技术措施审批。

（7）设备、设施、材料的合格证及检验报告等资料。

（8）边坡支护。

（9）预防触电措施。

（10）预防吊装、机械伤害等措施。

（11）安全操作规程、安全技术交底等资料。

（12）降水方案安全技术措施审批。

基坑开挖的风险管理，不同的地质条件、周边环境、支护结构形式及开挖过程中时空效应的控制，至关重要，在基坑开挖之初，各地质量安全监督管理部门，开展"安全节点风险管理"会议，并对会议过程中各方主体的履职行为进行监督，同时对现场进行质量、安全抽查，杭州市轨道交通部门对基坑开挖的节点验收，重点审查表6-6所示资料，监督小组相互交流控制风险重点如表6-7所示。

地铁深基坑开挖条件验收表

表6-7

单位工程名称：   验收范围：

序号	检 查 内 容	存在问题及整改资料	验收结论
1	分包单位（专业分包、劳务分包）资质及有关人员（含监测人员）的执业资格条件审查资料		
2	基坑开挖方案编制及审批资料、专家论证及方案完善资料		
3	监理实施细则编制资料、执行情况		
4	基坑开挖方案施工技术交底、安全技术交底资料、执行情况		
5	围护结构强度是否满足设计和有关规范的开挖条件要求，地基加固完成资料		
6	监测仪器进场验收资料（含第三方监测）		
7	监测点布置验收资料、监测初始值的测取资料		
8	建设单位对相邻建（构）筑物、道路、地下管线等设施的交底资料及安全鉴定、监护落实资料		
9	混凝土支撑（或钢支撑）施工及验收资料		
10	突发性事故的应急预案、救援设备、救援物资、应急救援队伍落实和演练资料		
11	基坑降水是否符合要求及相关资料		
12	起重机等进场机械设备报验执行资料		
13	基坑边大型机械荷载验算资料		
14	监理签发的整改通知书落实及回复资料		
15	其他有关质量安全保证资料是否完整		
16	其他有关施工安全措施落实资料		

施工单位项目经理（签字盖章）：   监理单位项目总监（签字盖章）：

验收组组长（签字盖章）：   年 月 日

工程名称：　　　　　　　　　　　　时间：

建设单位			施工单位		
监理单位			分包单位		
讨论内容	专项方案编制、论证情况		□完善　　□基本完善　　□不完善		
	参会各专家意见		□提供　　□未提供　　□其他		
	周边环境 （2~3 倍基坑 开挖距离内）	建（构）筑物	□鉴定	□监测	□保护措施
		各种管线	□监护协议	□监测	□保护措施
	周边环境 （2~3 倍基坑 开挖距离外）	建（构）筑物	□鉴定	□监测	□保护措施
		各种管线	□监护协议	□监测	□保护措施
	围护体系质量	混凝土支撑强度 围护桩评定 地下连续墙评定 钢支撑检测	□满足 □满足 □满足 □满足	□不满足 □不满足 □不满足 □不满足	□其他 □其他 □其他 □其他
	地基加固 （坑内、坑外）	质量自检	□满足	□不满足	□其他
	基坑降水		□满足	□不满足	□其他
	应急预案、演练及带班制度落实		□已落实	□未落实	□其他
存在问题 （或讨论 意见）					
讨论 人员					
备注					

第三节　钢筋混凝土结构施工

一、质量安全风险管理内容

（1）结构施工前应对基坑支护结构进行质量检查。复核基坑支护体系受力后的轴力、变形、位移情况，对其稳定性、安全性作出评估。

（2）结构施工的模板及支架体系应进行设计和安全稳定性计算，对模板、支架的材料进行合格性检验。支架、模板支设后应进行稳定性、安全性验收，合格后方可进行下步施工。

（3）混凝土浇筑应符合施工方案的要求。

（4）基坑周边场地的静荷载、动荷载不应大于设计允许荷载，施工作业面集中堆载量不得大于计算荷载要求。

（5）混凝土浇筑期间要对模板及支架的变形、稳定性进行全过程跟踪检查，发现异常应立即采取加固措施，杜绝事故发生。

二、质量安全风险存在的问题

（1）钢筋绑扎、焊接质量差，影响结构强度。

（2）混凝土振捣不密实，导致结构出现蜂窝麻面、结构渗漏水严重等问题。

（3）送检钢筋与施工现场使用钢筋不符，取样不真实。

（4）混凝土结构保护层厚度不够，出现局部结构露筋现象。

（5）模板、支模架在混凝土浇筑过程中变形严重，甚至出现倒塌现象。

（6）支模架材料锈蚀严重，模板陈旧，影响支模架、模板施工质量。

（7）混凝土养护工作不到位，导致混凝土质量低下。

三、质量安全风险监管的要点

1. 脚手架（支模架）工程

（1）搭设、拆除方案安全技术措施审批是否到位。

（2）脚手架搭设是否满足方案要求，过程验收是否满足要求。

（3）防护设施是否设置到位。

（4）所用材料合格证及检验报告是否齐全。

（5）安全操作规程、安全技术交底等资料是否齐全。

2. 模板工程

（1）模板施工方案安全技术措施审批是否到位。高大支模架的，是否符合《建设工程高大模板支撑系统施工安全监督管理导则》（建质〔2009〕254号）的要求。

（2）模板支撑所用材料合格证及检验报告是否齐全。

（3）模板支撑搭设是否满足方案要求。

（4）安全操作规程、安全技术交底等资料是否齐全。

3. 钢筋工程

（1）抽查钢筋进场时的质保资料，是否符合国家现行相关标准的规定抽取试件数量、力学性能和重量偏差检验等。

（2）当发现钢筋脆断、焊接性能不良或力学性能显著不正常等现象时，应对该批钢筋进行化学成分检验或其他专项检验，不满足相关标准的，一律退场处理。

（3）钢筋的连接（焊接、机械连接）应满足受力分布要求，箍筋弯后平直长度应满足设计及构造要求。

4. 防水施工

（1）防水施工必须由相关防水专业单位、专业队伍进行，应编制相应的专项施工方案，方案应有针对性。

（2）抽查防水材料的质保资料及复试质量应符合设计及标准的要求。

（3）不同防水材料的防水施工的基层处理、隐蔽验收、工序管理是否符合设计及规范要求。

（4）是否按要求开展"防水施工质量节点"（样板段）的验收评估工作。

5．混凝土施工

（1）商品混凝土质量控制，抽查建设单位（监理单位）、施工单位驻厂抽查商品混凝土原材料的质量的平时试验情况。

（2）抽查现场浇捣时的质量控制过程资料、影像资料。

（3）见证取样情况及标养、拆模、同条件试块试验报告。

（4）出现冷缝的处理方案及处理记录。

第七章 区间及联络通道

地铁区间常用矿山法和盾构法施工，对软土地区基本采用盾构法施工，又以土压平衡法盾构施工为主。本章介绍土压平衡法盾构施工质量安全风险管理。

第一节 区间盾构掘进

一、质量安全风险管理内容

1. 风险分析及类型

（1）地质与选型风险

盾构机的选型依据是：地质条件；开挖面稳定性能；隧道埋深、地下水位；隧道设计断面、路线、线形、坡度；环境条件、沿线场地；管片衬砌类型；工期造价等。所以，地质条件错误、选型失误，是盾构施工最大的风险（图7-1）。

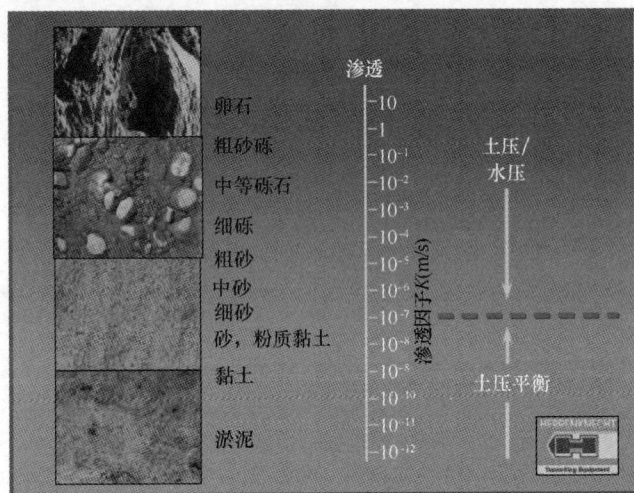

图 7-1 盾构选型示意图

（2）盾构组装、调试风险

盾构机进场的运输、盾构吊装调试现场作业，主要风险有超宽超高运输风险、超大超重吊装风险、超大型设备协调配合调试风险（图7-2）。

（3）始发、到达作业风险

盾构施工过程中，始发与到达的风险最大，主要有：盾构基座变形；反力架位移或变形；破除洞门时涌水涌砂涌土；洞门密封失效或漏水；姿态突变；轴线偏离等（图7-3）。

（4）施工风险

1）刀盘卡死：前方卵石堆积；刀具磨损；岩石太硬。

盾构吊装

盾构合龙调试

图 7-2　盾构组装调试示意图

盾构始发

盾构到达

图 7-3　盾构始发、到达示意图

2）盾构密封失效：主轴承密封、盾体铰接处密封、盾尾钢丝刷密封。

3）盾构机后退（千斤顶单向阀故障）。

4）掌子面塌方和地面沉降过大。

5）隧道管片上浮（常见）。

6）管片错台、碎裂（常见）。

（5）特殊地段施工风险

1）浅覆土地段；管线密布地段（污水管断裂）。

2）临近桩基础、建筑物地段。

3）有孤石（图7-4）、障碍物地段。

4）采用压气维修作业地段。

5）软硬不均地段。

6）煤层或有瓦斯地段（杭州地铁）。

（6）设备管理维护保养风险

图 7-4　盾构掘进遇孤石图

1）维修保养作业风险，如开仓检查换刀。

2）维修保养不善造成机器故障频繁：主轴承故障、减速箱故障、轨道事故等。

——十字保养法：清洁、润滑、紧固、调整、防腐。预防维修法：定期保养；状态监测；按需维修。

2. 施工安全风险对策

（1）盾构进出洞施工安全控制对策

1）确保加固体质量。

2）进出洞区域降水施工。

3）盾构始发后的稳定性及负环拼装质量。

4）盾构进出洞区域管片拉紧设置。

（2）既有建（构）筑物施工安全控制对策（含管线）

盾构在穿越时对基础土体扰动较大，对房屋沉降变形及结构影响较大，为本工程区间隧道施工安全防范重点，须采取相应措施进行保护。

1）盾构穿越前推进模拟段及数据反馈准备。

2）盾构穿越前所有设备的检修等。

3）土体改良措施。

为确保盾构在砂性土中推进，正常出土，通过压注膨润土改良土体，膨润土浆液可以在刀盘正面注入，通过刀盘后翼的搅拌，从螺旋机排出。当螺旋机油压过高时，也可以在螺旋机中注入适量的膨润土浆液。

4）控制盾构掘进轴线。

5）严格控制盾构正面平衡压力。

盾构穿越地面房屋下施工时正面设定平衡压力应考虑房屋自身荷载影响，实际数值根据监测数据及时调整。盾构穿越施工过程中使得盾构切口处的地层有微小的隆起量来平衡盾构背土时的地层沉降量。

6）严格控制盾构的推进速度。

盾构穿越地面房屋下时推进速度不宜过快，尽量做到均衡施工，减少对周围土体的扰动，盾构穿越施工速度应控制在 3cm/min。

7）控制同步注浆及壁后二次注浆质量。

盾构穿越房屋下施工时的控制重点即对土体造成的扰动最小，土体损失率最低，为更好、更及时地填充盾尾间隙，须严格控制同步注浆量及注浆效果（同步注浆初定 180％盾尾间隙），并及时通过盾尾二次注浆预防房屋后期沉降变形。

8）加强地面注浆措施。

9）加强施工监测。

（3）特殊地层施工安全控制对策（含管线）

1）优化施工参数

盾构在砂质粉土层中推进，加强对施工参数的优化，通过施工参数的合理调整，确保隧道稳定和控制地面沉降。

①盾构土仓平衡压力的控制

严格按照土压平衡模式进行掘进控制，确保土仓内土压能有效平衡地层的水土压力，避免在刀盘位置形成负压区，致使地下水涌向刀盘区域。

②推进速度

在严格控制推进速度的情况下，保证连续均衡施工，避免盾构较长时间搁置。

③控制盾构纠偏量

盾构姿态变化不可过大、过频，每环纵坡变化小于0.2%，水平姿态纠偏量不宜超过5mm/环，以控制在3mm/环内为宜。

④螺旋输送机控制

通过控制螺旋输送机出土速度和出土口的开口度，在出土口形成土塞，起到良好的密封、保压以及防喷的作用。停止推进时关闭闸门，紧急情况下，应立即关闭螺旋输送机出土口闸门。

⑤同步注浆量的控制

在砂质粉土层中施工时，由于粉土、粉砂空隙较大，同步注浆量比一般黏土层要多，在施工中应将注浆量控制在建筑空隙的180%～200%左右，采用可硬性浆液，同时根据监测数据适当调节。

2）其他技术措施

①土体改良

由于砂质粉土的内摩擦角相对较大，导致盾构刀盘切削难度也相应加大。在施工中，考虑采用土体改良的措施，来保证盾构出土正常。

②盾尾油脂的压注

在砂质粉土中施工时，盾尾极易发生漏水、漏砂等情况。施工时应严格管理盾尾油脂的压注工作。由专人负责盾尾油脂的压注工作，确保每环的盾构油脂压注量。同时，根据盾构盾尾油脂的压力表反馈信息，始终使盾尾油脂压力高于外部压力。

③二次注浆

二次注浆浆液通过管片的拼装孔注入地层内，压注时必须根据实际情况和监测数据的反馈调整参数。此外，还必须结合不同的土层情况，采取针对性的注浆措施，通过选择不同部位、不同注浆量及注浆压力，来确保土体的稳定性。在必要时，二次注浆可与盾构推进施工同时进行，实现跟踪同步注浆的效果。

（4）盾构穿越管线安全控制措施

从目前杭州已开工的地铁项目来看，区间隧道沿线土层中可能存在异常有害气体，针对拟建场地可能存在有害气体，我方在施工过程中将重点对隧道内有害气体进行测试，并加强隧道内通风。

1）在盾构螺旋机上安装有害气体监测装置。

2）定期对有害气体监测装置进行检修，保证盾构操作面监测设备的完好性。

3）项目部安全人员每天带手持有害气体检测器下井检测，特别须检测盾构车架上部气体。

4）每天派专人进行隧道内风管的安装，保持隧道施工操作面空气流通。并定期检查通风设备，对出现故障的通风设备必须及时进行抢修或更换。

5）严格控制施工人员在隧道内的连续工作时间，严禁施工人员连续施工时间超过10h。

6）如发现隧道操作面有可燃性气体，如沼气等，必须严禁在工作面点火作业，待工作面可燃性气体消散后方可动火。

7）在施工过程中进场进行预警演练，确保井下出现异常气体时，施工人员能有序撤出隧道。

8）必要时打设探孔释放有害气体。

二、质量安全风险存在的问题

1. 拆除洞门时出现涌水、流砂

（1）产生的原因：

1）封门外侧加固土体强度低。

2）地下水发生变化。

3）封门外土体暴露时间太长。

（2）处理措施：

1）创造条件使盾构尽快进入洞口，并对洞门圈进行加固封堵，如双液注浆、直接冻结等。

2）加强监测，观测封门附近、工作井和周围环境的变化。

3）加强工作井的支护结构体系。

2. 盾构始发洞口土体流失

（1）产生的原因：

1）洞口土体加固效果不好。

2）洞口密封装置失效。

3）掘进面土体失稳。

（2）处理措施：

1）洞口土体加固应提高施工质量，保证加固后土体强度和均匀性。

2）洞门密封圈安装要准确，在盾构推进的过程中要注意观察，防止盾构刀盘的周边刀割伤橡胶密封圈；密封圈可涂牛油增加润滑性；洞门的扇形钢板要及时调整，改善密封圈的受力状况。

3）在设计、使用洞门密封圈时要预先考虑到盾壳上的凸出物体，在相应位置设置可调节的构造，保证密封的性能。

3. 盾构推进轴线偏离设计轴线

（1）产生的原因：

1）盾构基座变形。

2）盾构后靠支撑发生位移或变形。

3）出洞推进时盾构轴线上浮。

（2）处理措施：

1）盾构基座中心夹角轴线应与隧道设计轴线方向保持一致，当洞口段隧道设计轴线处于曲线状态时，可考虑盾构基座沿隧道设计曲线的切线方向放置，切点必须取洞口内侧面处。

2）对基座框架结构的强度和刚度进行验算，以满足出洞时盾构穿越加固土体所产生的推力要求。

3）控制盾构姿态，尽量使盾构轴线与盾构基座中心夹角轴线保持一致。

4）盾构基座的底面与始发井的底板之间要垫平垫实，保证接触面积满足要求。

5）在推进过程中合理控制盾构的总推力，使千斤顶合理编组，避免出现不均匀受力。

4．后盾系统出现失稳

（1）产生的原因：

1）反力架失效。

2）负环管片破坏。

3）钢支撑失稳。

（2）处理措施：

1）对体系的各构件必须进行强度、刚度校验，对受压构件一定要作稳定性验算。各连接点应采用合理的连接方式保证连接牢靠，各构件安装要定位精确，并确保电焊质量以及螺栓连接的强度。

2）尽快安装上部的后盾支撑构件，完善整个后盾支撑体系，以便开启盾构上部的千斤顶，使后盾支撑系统受力均匀。

5．掘进面土体失稳

（1）产生的原因：

1）正面土压力选择不当。

2）地质条件发生变化。

3）施工人员违规操作。

4）掘进速度。

5）出土速度。

6）施工机械出现故障。

（2）处理措施：

1）正确地计算选择合理的舱压，舱压应采用静止水土压力的 1.2 倍左右；掘进由膨润土悬胶液稳定，水压力可以精细调节。膨润土悬胶液由空气控制，随时补偿正面压力的变化。

2）流砂地质条件时，要及时补充新鲜泥浆。事前检验泥浆物理性质，包括流变试验、渗透试验、成泥膜的检验。测定固体颗粒的密度、泥浆密度、屈服应力、塑性黏滞度、颗粒大小分布。泥浆可渗入砂性土层一定的深度，在很短的时间内形成一层泥膜。这种泥膜有助于提高土层的自立能力，从而使泥水舱土压力对整个开挖面发挥有效的支护作用。对透水性小的黏性土可用原状土造浆，并使泥浆压力同开挖面土层始终动态平衡。

3）控制推进速度和泥渣排土量及新鲜泥浆补给量超浅覆土段，一旦出现冒顶、冒浆随时开启气压平衡系统。

6．遇见障碍物

处理措施：

1）对开挖面前方 20m 以超声波对障碍物进行探测，及时查出大石块、沉船、哑炮弹；附设从密封舱隔板中向工作面延伸的钻机，对障碍物进行破除。

2）设置石块破碎机，将块石破碎到粒径 10mm 以下，以便泥浆泵排出。

3）选择有经验的勘察单位，采用先进的勘探技术，或多种勘探技术综合应用。

4）加密地质勘探孔的数量，准确定位障碍物的位置。

7. 地面隆起变形

（1）产生的原因：

1）纠偏量过大。

2）出土不畅。

3）掘进速度设置不当。

（2）处理措施：

1）详细了解地质状况，及时调整施工参数。

2）尽快摸索出施工参数的设定规律，严格控制平衡压力及推进速度设定值，避免其波动范围过大。

3）按理论出土量和施工实际工况定出合理出土量。

8. 盾构出现涌土、流砂、漏水

（1）产生的原因：

1）地质条件突变。

2）参数选择不当。

3）发生机械故障。

（2）处理措施：

1）采用全封闭、高度机械化、自动化的现代化盾构机。

2）正确地计算选择合理的舱压。

3）控制推进速度，正常推进时速度宜控制在 2～4cm/min 之间。过建筑物时推进速度宜适当放慢，宜控制在 1cm/min 以内。

4）设置气压平衡系统。

9. 盾尾密封装置泄漏

（1）产生的原因：

1）密封装置失去弹性。

2）密封油脂压注量太少。

3）盾尾刷刷毛发生翻卷。

（2）处理措施：

1）严格控制盾构推进的纠偏量，尽量使管片四周的盾尾空隙均匀一致，减少管片对盾尾密封刷的挤压程度。

2）及时、保量、均匀地压注盾尾油脂。

3）控制盾构姿态，避免盾构产生后退现象。

4）采用优质的盾尾油脂，要求有足够的黏度、流动性、润滑性、密封性能。

10. 盾构沉陷

（1）产生的原因：

1）地层空洞。

2）软弱地层，如暗浜。

3）掘进面失稳，如出现流砂、管涌。

4）盾构停顿。

（2）处理措施：

1）加密地质勘探孔的数量，准确定位不良地层的位置，分析对盾构掘进施工的影响。

2）对开挖面前方 20m 进行地质探测，及时查出不良地层或障碍物。

3）定期检查盾构机，使盾构机保持良好的工作性能，减小掘进施工时盾构机出现故障的发生概率。

4）合理地组织施工，并对施工人员进行专业培训和安全教育，确保各施工环节的正常运转，减少产生质量或安全问题。

11. 盾构掘进轴线偏离设计轴线

（1）产生的原因：

1）施工测量出现差错，或施工测量误差太大。

2）出现超挖、欠挖。

3）盾构纠偏不及时，或纠偏不到位。

4）地质条件发生变化。

5）盾构推进力不均衡。

（2）处理措施：

1）在推进施工过程中，对每一环都必须提交切口、盾尾高程及平面偏差实测结果，并由此计算出盾构姿态及成环隧道中心与设计轴线的偏差。

2）将测量结果绘制成隧道施工轴线与设计轴线偏差图，一旦发现有偏离轴线的趋势，必须及时告知施工工程师采取及时、连续、缓慢的纠偏方法。

3）每推进 100 环，请专业测量队伍用高精度经纬仪和水准仪进行三角网贯通测量校核。

12. 管片破损

（1）产生的原因：

1）运输过程中发生碰撞或掉落。

2）堆放发生碰撞。

3）吊运发生碰撞。

4）拼装时与盾尾发生磕碰。

5）管片凹凸错位。

6）封顶块与邻接块接缝不平。

7）邻接块开口量不够。

8）施工操作不当。

9）盾构推进，管片受力不均衡。

（2）处理措施：

1）行车操作要平稳，防止过大的晃动。

2）管片使用翻身架或专用吊具翻身，保证管片翻身过程中的平稳。

3）地面堆放管片时上下两块管片之间要垫上垫木。

4）设计吊运管片的专用吊具，使钢丝绳在起吊管片的过程中不碰到管片的边角。

5）采用运输管片的专用平板车，加设避振设施；叠放的管片之间垫好垫木。

6）工作面储存管片的地方放置枕木将管片垫高，使存放的管片与隧道不产生碰撞。

7）管片运输过程中，使用弹性的保护衬垫将管片与管片之间隔离开，以免发生碰撞而损坏管片；在起吊过程中要小心轻放，防止磕坏管片的边角。

8）管片拼装时要小心谨慎，动作平稳，减少管片的撞击。

9）提高管片拼装的质量，及时纠正环面不平整度、环面与隧道设计轴线不垂直度、纵缝偏差等质量问题。

10）拼装时将封顶块管片的开口部位留得稍大一些，使封顶块能顺利地插入。

11）发生管片与盾壳相碰，应在下一环盾构推进时立即进行纠偏。

12）每环管片拼装时都对环面平整情况进行检查，发现环面不平，及时地加贴衬垫予以纠正，使后拼上的管片受力均匀。

13）及时调整管片环面与轴线的垂直度，使管片在盾尾能居中拼装。

13. 管片就位不准

（1）产生的原因：

1）拼装机故障。

2）施工操作不当。

（2）处理措施：

1）加强施工管理。

2）定期检查管片拼装系统。

14. 螺栓连接失效

（1）产生的原因：

1）螺栓变形，损伤。

2）施工操作不当。

（2）处理措施：

1）提高管片拼装质量，及时纠正环面不平或环面与隧道轴线不垂直度等，使每个螺栓都能正确地穿过螺孔。

2）严格控制螺栓的加工质量，定期抽查，发现问题及时更换。不符合质量要求的螺栓应退换。

3）加强施工管理，做好自检、互检、抽检工作，确保螺栓穿进及拧紧的质量。

4）对螺栓和螺母进行材质复检，检验合格后才能使用。

15. 管片接缝渗漏

（1）产生的原因：

1）管片纵缝出现内外张角、前后喇叭（缝隙不均匀，止水条失效）。

2）管片碎裂。

3）密封材料失效。

（2）处理措施：

1）提高管片的拼装质量，及时纠正环面，拼装时保证管片的整圆度和止水条的正常工况，提高纵缝的拼装质量。

2）拼装前做好盾壳与管片各面的清理工作，防止杂物夹入管片之间。

3）环面的偏差及时进行纠正，使拼装完成的管片中心线与设计轴线误差减少，管片始终能够在盾尾内居中拼装。

4）管片正确就位，千斤顶靠拢时要加力均匀，除封顶块外每块管片至少要有两只千斤顶顶住。

5）盾构推进时骑缝的千斤顶应开启，保证环面平整。

6）对破损的管片及时进行修补，运输过程中造成的损坏应在贴止水条以前修补好；对于因为管片与盾壳相碰而在推进或拼装过程中被挤坏的管片，也应原地进行修补，以对止水条起保护作用。

7）控制衬垫的厚度，在贴过较厚衬垫处的止水条上应按规定加贴一层遇水膨胀橡胶条。

8）应严格按照粘贴止水条的规程进行操作，清理止水槽，胶水不流淌以后才能粘贴止水条。

16. 注浆管堵塞

（1）产生的原因：

1）长时间没有注浆。

2）注浆管没有及时清洗。

3）浆液含砂量太高。

4）浆液沉淀凝固。

5）双液注浆泵压力不匹配。

（2）处理措施：

1）单液注浆：

①停止推进时定时用浆液打循环回路，使管路中的浆液不产生沉淀。长期停止推进，应将管路清洗干净。

②拌浆时注意配比准确，搅拌充分。

③定期清理浆管，清理后的第一个循环用膨润土泥浆压注，使注浆管路的管壁润滑良好。

④经常维修注浆系统的阀门，使它们启闭灵活。

2）双液注浆：

①每次注浆结束都应清洗浆管，清洗浆管时要将橡胶清洗球取出，不能将清洗球遗漏在管路内引起更厉害的堵塞。

②注意调整注浆泵的压力，对于已发生泄漏、压力不足的泵及时更换，保证两种浆液压力和流量的平衡。

③对于管路中存在分叉的部分，清洗球清洗不到，应经常性地用人工对此部位进行清洗。

三、质量安全风险监管的要点

1. 中高度风险及危害因素

（1）盾构机起重吊装方案未按规定审批。

（2）盾构机组装调试程序简化，影响设备性能。

（3）始发前未组织对盾构始发条件进行验收。沿线建筑物、管线未调查，未制订相应的保护措施。

（4）掘进期间未对地表、建筑物、管线、洞内收敛、管片上浮沉降进行监测，未及时将测量数据反馈。

(5) 盾构始发、到达施工方案不落实，应急准备不足。

(6) 盾构机穿过结构物下等特殊地段未采取专项安全措施。

(7) 盾构机高压线路故障。

(8) 常压开仓、带压开仓未按方案实施，未监控到位。

2. 管片制作

(1) 强度和抗渗检测结果符合设计要求。

(2) 型号尺寸、外观质量应符合设计及规范标准。

3. 端头加固

(1) 端头加固至少在始发前一个月完成，加固体强度及抗渗达到设计要求，并有抽芯检测报告。

(2) 有地下水的端头，凿除围护结构前应打探孔检验。

4. 盾构机吊装

(1) 起重机作业范围内地下无压力管线。

(2) 盾构机焊接吊耳的焊缝经专业单位检测合格，并有相关检测报告。

(3) 选择有相应资质和施工经验的吊装队伍施工，操作人员证照齐全，运输和吊装方案经过审批。安装调试完成后组织现场验收。

(4) 起重机基础应经过设计验算，符合相关要求。

5. 洞门凿除

端头加固达到设计要求后方可进行洞门凿除，凿除分两阶段，第一阶段凿除60%～70%，剩余围护结构在始发前快速凿除，并配备应急物资。

6. 地表变形控制

(1) 地面变形沉降控制在+10～−30mm之间，沉降观测点必须打穿混凝土路面埋于土层之中。

(2) 下穿建（构）筑物段须加密监测，频率符合相关规范要求。

7. 测量控制

(1) 地面施工测量控制点必须埋设在施工影响的变形区域以外，由于现场条件限制埋设在变形区影响范围内的控制点必须每次复测。

(2) 在盾构始发和接收井间必须建立统一的施工控制测量系统，每个井口应布设不少于三个控制点。

(3) 当直线隧道掘进长度大于200m或到达曲线段时，应布设导线和水准控制点，洞内严禁使用单支导线。

(4) 测量控制点必须经监理及第三方测量单位复核无误后方可使用。

8. 盾构始发

(1) 洞门凿除前对加固范围抽芯检测，按设计要求制作洞门密封装置。

(2) 始发托架轴线偏差不超过30mm，与设计轴线竖直趋势偏差小于±2‰，水平趋势偏差小于±3‰，高程宜高于设计标高20～30mm，同时始发托架固定牢固。

(3) 反力架立面垂直于始发架轴线，夹角偏差小于±2‰，反力架相对于始发托架高程偏差小于10mm。反力架必须经过检算确定，其可满足为盾构机提供足够的反力，并报监理审核同意。反力架安装稳固，支撑件必须能承受盾构推进反力。盾构始发推进时，反力架应设置变形监测点。

（4）始发前对盾构机姿态进行复核。

（5）对盾构始发时出现的渗漏、涌水、涌砂现象，及时采取有效措施进行处理。

（6）空载调试要有记录。

9. 盾构机姿态

（1）盾构机姿态控制在±50mm之间。

（2）盾构机在掘进过程中要严格监控进尺、出土量和其他掘进参数。当发现出土量情况异常时，应及时综合分析原因，采取应急措施和加强监控。

（3）在软弱地层中应保证每天至少掘进一环，必须停留时应先对地层进行加固。

（4）在浅覆土层施工应控制掘进参数；小半径曲线地段应控制推进反力；大坡度地段上坡施工时应加大盾构下半部推力，车辆应采取防溜措施；地下管线与地下障碍物地段应控制掘进速度及出渣量；小净距隧道地段应根据地质情况加固隧道间土体，设置既有隧道内支撑；穿越江河地段应设定适当的开挖面压力，采用快凝早强注浆材料；地质条件复杂或砂卵石地段应选择适当地点及时更换刀具，改良渣土，确定破碎卵石的方法。

10. 管片拼装

（1）施工中管片轴线平面及高程允许偏差均为±50mm，成型竣工隧道管片轴线平面及高程允许偏差均为±100mm。

（2）施工中管片拼装允许偏差为相邻管片的径向错台为5mm，相邻管片的环面错台为6mm。成型隧道管片允许偏差为相邻管片的径向错台为10mm，相邻管片的环面错台为15mm。

11. 同步注浆

（1）同步注浆实行注浆量与注浆压力双控原则。

（2）非硬岩段严禁推进一段距离后再注浆。

12. 二次注浆

二次注浆根据地质情况及时进行，以压力控制，注浆压力不能大于0.4MPa。

13. 盾构到达

（1）编制接收施工方案，抽芯检验洞门加固段。

（2）盾构到达接收井前100m必须对盾构轴线进行复测、调整，同时再次复核盾构洞门，确保盾构准确进入接收洞门。

（3）盾构到达接收井10m内，应控制掘进速度、工作面压力，速度宜控制在10～20mm/min，工作面压力以控制盾构推力在400～800t为宜。

（4）接收托架高程宜低于设计值20～30mm，利于盾构进站接收。

14. 开仓检查、更换刀具

（1）现场开仓时按方案逐一确认，并做好记录。

（2）开仓时进行气体检测，并做好记录。

（3）带压开仓时操作人员必须持证上岗，并经过技术交底及安全培训。

（4）现场配备一台10m³以上内燃空压机作为应急设备。

15. 洞内运输

（1）洞内运输速度小于 5km/h，停车时必须设置撑靴。

（2）轨行区养护作业时必须设防护员，设置警示灯，作业人员穿反光服。

（3）轨道要定期养护并做好记录。

16. 盾构转场

（1）编制专项方案并经过审批。

（2）应提前选好运输线路。

（3）运输时提前和交管部门联系，并设专人防护，设置警示标志。

17. 质量安全监督管理要点

（1）盾构进出洞的风险监督管理，详见表 7-1；监督部门就重点风险源盾构进出洞进行讨论监控管理，详见表 7-2、表 7-3。

（2）盾构吊装、转出场安全管理，抽查重点。

①吊装方案是否按要求论证。

②起重机应具备年检报告或进场检测报告，各类吊装器具、索具和钢丝绳等应具备质保资料和合格证书。吊装前施工单位设备部门应对起重机的限位保险等各种性能进行检查验收，是否符合专项方案的要求并形成书面记录。

③盾构机吊耳焊接部位需经进场探伤检测，并有检测合格报告。

④吊装作业区域按规定设置警戒线和警示标志。

⑤盾构机吊装时需采用地下、地上两级指挥。

⑥盾构机每次吊装作业前应进行试吊检验等。

盾构出（进）洞施工条件验收记录 表 7-1

单位工程名称： 验收范围：

序号	检 查 内 容	存在问题及整改资料	验收结论
1	盾构出（进）洞施工专项方案编制及审批资料、专家论证及方案完善资料		
2	盾构出（进）洞方案安全、技术交底资料		
3	工作井中间验收资料（其标高、轴线、结构强度等各项技术参数符合设计和规范要求并能满足盾构施工各阶段受力要求，端头井结构尺寸和洞门中心已复核且符合设计要求）		
4	要求的各项端头措施（端头加固、降水、冷冻等）已经完成，对洞口段土体的加固体强度、抗渗指标已经过现场试验确定，满足设计并有检测报告		
5	洞口处于砂性土或有承压水地层时，已采取了降水、堵漏等防止涌水、涌砂措施，并资料齐全		
6	盾构始发/接收架以及设计验算资料（结构强度须满足要求）		
7	洞门处围护结构混凝土凿除和洞圈密封装置安装的外观检查及验收资料		

序号	检 查 内 容	存在问题及整改资料	验收结论
8	洞门探孔监测资料（未发现异常情况并满足始发/到达要求）		
9	突发性事故的应急预案编制、救援设备、救援物资、应急救援队伍落实和演练资料		
10	盾构机现场验收大纲制订，盾构机各系统验收合格并进行整机空载调试资料		
11	盾构始发前主要管理人员、专业人员配备（注浆工、拼装工、电工、机修工、盾构机司机）审核及到位资料		
12	大型设备（门式起重机等）已经拼装就位并应经专业监测机构检测合格，且经监理验收合格，报安全监督机构备案		
13	始发后盾系统（后盾管片、支撑体系、后靠等）安装和检验、验收资料		
14	盾构施工涉及的材料进场报验资料		
15	区间监测单位资质、监测人员资格与监测仪器进场验收资料（含第三方监测）		
16	测量、监测方案编制、审批资料，监测控制点的验收、已测取初始值数据		
17	建设单位对相邻建（构）筑物、道路、地下管线等设施的交底资料及安全鉴定、监护落实资料		
18	双路供电、应急电源的落实资料		
19	有害气体监测及防护措施落实资料		
20	监理实施细则编制和执行资料		
21	监理签发的整改通知书落实及回复资料		
22	其他有关质量安全保证资料是否完整		
23	其他有关施工安全措施落实资料		
24	盾构到达接收工作井100m前，对盾构轴线已进行测量并作调整		

备注：1. 盾构出洞条件验收填写1～23项；2. 盾构进洞条件验收填写1～9和20～24项。

施工单位项目经理（签字）：　　　　　　　　　　监理单位项目总监（签字）：

验收组组长（签字）：

年　月　日

隧道暗挖法节点验收讨论记录表（进洞） 表7-2

工程名称：　　　　　　　　　　　　　时间：

建设单位			施工单位		
监理单位			分包单位		
审查内容	专项方案编制、论证情况		□完善	□基本完善	□不完善
	参会各专家意见		□已提供	□未提供	□其他
	监测点验收情况		□已验收	□未验收	□其他
	周边环境 （2~3倍盾构深度 影响范围）	建（构）筑物	□鉴定	□监测	□保护措施
		各种管线	□监护协议	□监测	□保护措施
	边仰坡、超前支护质量		□满足	□不满足	□其他
	降水情况		□满足	□不满足	□其他
	有害气体情况		□没有	□有（含防治措施）	□其他
存在问题 （或讨论 意见）					
讨论人员					
备注					

节点验收讨论记录表（盾构进洞（到达）） 表7-3

工程名称：　　　　　　　　　　　　　时间：

建设单位			施工单位			
监理单位			分包单位			
审查内容	专项方案编制、论证情况		□完善	□基本完善	□不完善	
	参会各专家意见		□提供	□未提供	□其他	
	端头井结构验收情况		□已验收	□未验收	□其他	
	周边环境 （2~3倍盾构深度 影响范围）	建（构）筑物	□鉴定	□监测	□保护措施	
		各种管线	□监护协议	□监测	□保护措施	
	洞口加固质量	冷冻法加固	加固时间 温度抽检	□满足 □满足	□不满足 □不满足	□其他 □其他
		搅拌桩地基加固	质量自检	□满足	□不满足	□其他
	接收架质量验收		□已验收	□未验收	□其他	
	降水情况		□满足	□不满足	□其他	
存在问题 （或讨论 意见）						
讨论人员						
备注						

第二节　联　络　通　道

一、质量安全风险管理内容

1. 风险分析

基于隧道联络通道的地质条件和结构特点，软土地区常采用冻结法加固土层，矿山法施工，地面空旷地区，也有采用三轴搅拌桩（高压旋喷桩）在地表对土层搅拌加固，矿山法施工的。本节介绍冷冻法加固土层，矿山法施工的质量安全风险管理。

施工过程中存在如下工程风险。

（1）冻结孔施工过程中的特殊风险点

1）鉴于联络通道所处位置的工程地质状况，若冻结孔施工不当，易造成孔口涌砂、冒水，进而引起地面的沉降。

2）冻结孔施工质量直接影响到下一步的冻土帷幕质量，给开挖和结构构筑带来风险。

3）冻结管连接强度不够，造成开挖过程中冻结管断裂。

（2）冻结施工过程中的风险点

1）冻胀对隧道结构的影响：由于冻结工法特点，冻胀会对隧道结构造成一定的影响，使隧道产生冻胀变形，严重时可能造成管片的破坏及较大的冻胀变形，还可能会造成联络通道结构的渗漏，所以在运转过程中，采取控制冻结技术，控制冻结产生的冻胀。

2）冻结设备损坏，维修不及时，造成冻土融化风险。

3）冻土结构和隧道两侧管片胶结强度不够造成接触面漏水。

（3）开挖和结构施工过程中的风险点

1）冻结帷幕质量不好。

2）冻结帷幕变形过大。

3）施工过程中的停电、机器发生故障使冻结机组停止运转超过规定时限，冻结过程中断。

4）开挖过程由于冻结帷幕局部薄弱漏水、漏砂。

5）排水管敷设中的突发涌砂、涌水现象。

2. 冻结孔施工风险处理措施

（1）冻结孔施工中涌砂、冒水风险处理措施

冻结孔在打设过程中，由于所处地质富含丰富的地下水，有涌砂、冒水可能，相应的风险处理措施：

1）正式开孔前，施工现场要配备 $\phi125$、$\phi109$ 等规格的木楔、$2m^3$ 的砂袋和 6t 水泥（含速凝水泥）及注浆设备。

2）冻结孔开孔分一、二次控制泥浆涌出。首先，孔位避开硅管片内受力主筋，然后用开孔器（配金刚石钻头取芯）按设计角度开孔，开孔直径 130mm，预留不小于 100mm 的管片厚度时停止取芯钻进，安装带填料密封盒的孔口管，通过管侧的 $\phi40mm$ 旁路阀门，防止孔口喷砂；其次，将孔口管固定、密封好，并装上 $DN125$ 的闸阀；最后，将闸阀打开，用开孔器从闸阀内二次开孔，开孔直径为 108mm，一直将硅管片开穿，出现涌砂就及时关闭闸门。

3）在二次开孔后，若出现大量涌砂，通过孔口管的旁路阀门对地层注双液浆封堵，必要时用木塞封堵钻杆管口。

4）在孔口管装置脱落时，立即在冻结管上加焊挡环，用管锤或钻机将孔口管顶住，然后通过孔口管侧的旁路阀门注双液浆封堵，再用膨胀螺栓将孔口管重新固定在隧道管片上。在未进入承压水层时，采用强力水平钻机无泥浆钻进。

5）对旁通道所在地面进行观测，若钻进时出现大量涌砂、涌水事件，须加大地面的监测频率，出现单次沉降 3mm 及以上，立即对地面注双液浆充填。

6）为防止开孔及钻进期间涌水、涌砂现象的发生，还须采取以下措施：①加大钻具推力，强行顶入套管；②利用原钻具系统注入 1∶1 的水泥—水玻璃双液浆；③必要时压紧孔口管密封装置，封闭该孔。

（2）冻结管渗漏或断裂风险处理措施

1）发生冻结管渗漏或断裂时，停止作业（必须正常运转的设备和系统除外），立即逐级汇报，采取下放套管、关闭孔口阀、压紧孔口装置、实施注浆等措施。

2）现场采取妥善的保护措施，防止事态扩大。

（3）冻结施工风险处理措施

1）开机前对各系统进行严格调试，在开机前做到设备正常运转。为保证冻结和开挖期间冻结运转的连续，冻结系统设备采用新型冻结设备，并准备一套备用设备，当一台设备出现故障时，启用另一台设备运转，保持冻结的连续进行。同时，对故障设备进行维修，确保始终有一套设备备用。

2）预备二路供电电源（备用发电机）；预备备用冷冻机和相关备件；安装各类计量和检测仪表并预留备件；盐水正常循环前进行管路施压渗漏检测，清洗后用橡塑材料保温；做好冻结管的打压试验；在左线和右线隧道管片内侧铺设冷冻板和保温层，确保冻土帷幕不存在薄弱环节。

3）按照方案及时对冷冻各系统参数进行监测，并保持记录，做到每天一测，关键参数多次监测，发现问题立即处理。

4）每班测量冻结孔系统供液情况，确保每组冻结孔盐水流量 $5m^3/h$，否则通过手动调节；每天对盐水去回路温度进行监测，去回路温差在冻结壁交圈后小于 $1.5℃$。准备冲孔的必需设备，保持卸压孔的畅通。

5）利用泄水压孔每天放水泄压，逐渐将联络通道开挖土体内的水放出，消除冻结对隧道管片和邻近建筑物的冻胀影响。

3. 联络通道开挖条件验收

（1）联络通道地面环境验收

1）联络通道所在地面的建筑物和管线是否稳定。

2）联络通道所在的地质及开挖地层是否含承压水。

（2）冻结效果验收

1）设计积极冻结时间为 45d。积极冻结 7d 盐水温度降至 $-18℃$ 以下；积极冻结 15d 盐水温度降至 $-24℃$ 以下；开挖时盐水温度降至 $-28℃$ 以下。

2）各冻结孔组的去、回路盐水温差不大于 $1.5℃$。

3）检查冻结孔盐水流量情况：要求冻结孔单孔流量不小于 $5m^3/h$，每米冻结管（包括冷冻排管）的设计散热量不应小于 100kcal/h，盐水系统循环总流量在积极冻结期间达到设计值。如盐水温度和盐水流量达不到设计要求，应延长积极冻结时间。

4）泄压孔压力上涨超过 7d，或打开泄压孔阀门确认无泥水流出（联络通道冻土厚度大于 1.6m 的设计厚度，开挖区外围冻结孔布置圈上冻结壁与隧道管片交接面处温度不高于−5℃，冻结壁有效土平均温度要达到−10℃以下；并进行探孔测温检测）。根据测温孔测温结果计算，冻土帷幕的平均温度和厚度达到设计值。

5）在钢管片打开前，先在冻结可能存在的最薄弱部位打几个探孔，以确定冻土强度是否达到设计值，并无水砂流出即可正式开挖。如果达不到开挖条件，应组织有关专家、技术人员等进行现场分析研究，找出原因合理延长冻结期，待冻结壁完全达到设计厚度方可正式开挖。

（3）开挖时其他条件验收

1）通信系统安装完毕。整个施工期间，在施工现场安装直拨电话，并安排专人进行线路维护，便于对施工现场的监督和管理。

2）防护门安装完毕。防护门安装在联络通道开挖侧，门框直接焊接在预留洞口钢管片上，在门框与门边接触处设置密封橡胶条。同时，确认防护门启闭功能正常，接好供气管。

3）完成隧道支撑加固。

4）冷冻机等机电设备及电源等完好的检查报告（对开挖作业人员进行了安全教育培训和安全技术交底工作）。

5）抢险物资和施工材料准备就绪并运到现场，包括：砂袋、水泥、钢支撑、支护木背板、木楔等。

4. 开挖施工风险处理措施

（1）应急液氮

在联络通道附近储备移动式液氮罐的连接管路和保温材料，并与厂商签订协议，保证液氮在 12h 内连续供应至工地。

（2）开挖面渗水风险处理措施

开挖过程中，开挖面有水渗出时，立即停止施工。第一时间由当班工长通知值班管理人员，同时对渗水点进行处理。如果出水量小，只是滴漏，未形成线流，利用快干水泥或注入聚氨酯封堵。如果渗水量大，利用液氮进行快速冻结。

冷冻站人员及时对渗水点进行观察，立即查找原因，调整冻结参数。

（3）涌水、涌砂风险处理措施

开挖时出现涌水、涌砂等情况时，用砂袋和黏土袋压住出水点，封闭通道，上报项目总工和经理。当出现无法控制的突发局面时，重要机电设备立即进行转移，同时迅速组织人员撤离现场，关闭防护门。同时，对地面沉降情况进行检测，并分析原因，制订措施报请业主、监理和总包单位审批后实施。

（4）停水、停电风险处理措施

1）在积极冻结期间突然停电，冻结帷幕不会很快融化，对冻结效果影响也不大；如停电时间较长，应增加积极冻结时间，直到冻结帷幕完全交圈为止。

2）在开挖期间突然停电，立即停止掘进，把暴露的土体用保温材料完全覆盖，进行保温。现场人员及时通知供电部门，排查故障原因，在 30min 内供电正常对旁通道的冻结及开挖没有影响。如不能及时恢复供电，立即启用备用发电机，保证冷冻站冻结系统正常工作。

3）冻结补充水每天补充一次，断水 24h 一般不影响冻结；冻结时保证清水箱充满水。另外，在停水后，可以从别处运水补充至清水箱或在车站端头井蓄水，紧急时抽水至清水箱，保证冻结系统的正常运转。

（5）工作人员打破冻结管风险处理措施

施工人员在开挖至冻结管附近时，由冻结值班人员向其标识冻结管的具体位置。如出现打破冻结管的情况，停止开挖，并通知冻结维护人员关闭盐水阀门，防止盐水外流融化冻土，由电焊工及时对冻结管补焊后继续施工。

（6）冻结管去、回路盐水温差大于 2℃风险处理措施

在开挖和结构施工期间，保证每组盐水的进、回路流量，一旦发现盐水的去、回路温差大于 1.5℃，应及时调整该组盐水管路的流量，保证各个冻结管盐水流量均衡，使冻结管去、回路盐水温差满足要求。

（7）开挖工作面化冻风险处理措施

掘进施工人员如果发现已开挖的暴露面不断有土块掉下，且影响面积较大，而且周围土体有松动现象，立即通知冻结施工人员，由冻结施工人员根据判断情况，加强冷冻，同时做好开挖面的保温工作。

（8）承压水不良作用风险处理措施

按不利原则分别考虑高、低水位，微承压含水层呈带状不连续分布。因此，制订本处理措施：

1）冻结过程中，针对不安全部位多布置测温孔加强温度监测，及时对所测数据进行分析和统计，对冻结帷幕的发展状况作出相应的预计。

2）开挖前对开挖条件严格把关，一旦发现有不合格条件，及时进行分析和排查，确实是冻结问题时，采取加大局部冻结孔的流量，增加冻结时间，以提高局部冻结质量，直至满足所有开挖条件才可开挖。

3）开挖过程中，派专人对开挖工作面的冻土质量及温度进行监测，一旦发现问题及时上报给项目经理，经核查后启动涌水处理措施。

（9）排水管预留洞口处风险处理措施

敷设排水管时，预留洞口处已失去通道防护门的保护，如出现突发的涌水、涌砂现象，除关闭通道防护门外，洞口处也要封闭。具体的操作方法如下：可采用与通道防护门相似的做法，即在穿过的钢管片隔腔处设置一可关闭的小型防护门，以增加洞门的密闭性，如出现突发现象，立即关闭此门，并加以固定。

（10）其他处理措施

1）做好信息化处理，通过监测指导施工。①位移的监测工作：在冻结孔施工前，建立监测原始基准数据，冻结孔施工时，开始第一天监测，直至冻结帷幕融化后。②冻结系统及冻结壁的温度等指数监测：自冻结运转开始，直至冻结停冻。③测温孔温度监测：冻结开始后每天监测一次。④监测的各种数据及时反馈、分析处理，以便采取措施，指导施工。

2）为了控制支架间冻结帷幕的变形，减少冻结帷幕冷量损失，所有钢支撑架后采用木背板密闭，背板必须同冻结壁紧贴，尽量减少支护间隙，木背板不能松动，当支护间隙较大时，可增加背板厚度和木楔子，以提高支护效果。

3）开挖过程中，如发现土体加固强度不够，影响正常掘进时，可以采取缩短进尺加强支护等措施处理。

4）成立抢险领导小组和救援队伍，抢险领导小组轮流值班，当现场出现紧急情况时，能及时并有条不紊地实施工程抢险。

二、质量安全风险存在的问题

1. 联络通道特殊管片位置错误

（1）产生的原因：交底不正确，测量不及时。

（2）处理措施：加强特殊管片安装前的测量。

2. 特殊管片开口位置错误

（1）产生的原因：交底不正确，测量不及时。

（2）处理措施：加强特殊管片安装前的交底和旁站。

3. 破坏原有结构

（1）产生的原因：管片开口位置不正确。

（2）处理措施：在管片上放出孔位大样图，然后进行测量定位，特别需要注意的是，如果在混凝土管片上进行开孔，要适当偏移，避开管片主筋位置；孔位选择要尽可能避开钢筋和接缝位置。

4. 冻结交圈厚度不够

（1）产生的原因：钻孔方式选择不当或者钻进过程测量控制措施不严。

（2）处理措施：

1）用经纬仪测定出冻结管的角度，用精密罗盘找正钻杆并随钻随复核，发现偏斜后要及时进行纠偏处理；

2）考虑到钻孔过程出现的偏差，必须对冻结孔钻进过程的实际情况进行计算，以判断冻结孔最大间距在允许范围内；

3）如果出现较大偏斜，需要进行补孔处理；

4）为有效控制冻结孔之间的间距，也可以隔孔钻进，根据已钻孔的倾斜情况，适当调整中间孔的钻进偏斜。

5. 钻孔施工过程渗漏

（1）产生的原因：

1）外侧土体渗流性强；

2）孔口密封不严；

3）冻结孔施工技术低。

（2）处理措施：

1）对联络通道前后各 5 环管片进行 2 次注浆；

2）严格安装孔口密封装置；

3）采用夯管法替代钻进法；

4）采用大功率钻机，高质量泥浆，加快成孔速度。

6. 冻结管断裂

（1）产生的原因：

1）冻结管质量差；

2）冻结管接头质量差。

（2）处理措施：

1）严格控制冻结管质量，一定要采用合格的无缝钢管；

2）要做好应急措施，一旦冻结管接头断裂或钻头止回阀失效引起渗漏，可以直接通过冻结管注浆。

7. 冷冻机故障

冻结前首先进行制冷系统的检漏和氮气冲洗，在确保系统无渗漏后，再充氟加油。设备安装完毕后进行调试和试运转，试运转时，随时调节压力、温度等各状态参数，使机组在有关工艺规程和设备要求的技术参数条件下运行，冻结系统运转正常后进入积极冻结。

8. 冷冻机组冻结效果不理想

核查冻结机组周围环境因素、地质条件、保温措施是否异常。

9. 冻结管渗漏

（1）切断盐水供给；

（2）于施工初期支护封闭掌子面，同时加强冻结壁监测，发现异常立即关闭安全门；

（3）在渗漏的冻结管中采用液氮冻结。

10. 管片开启时坍塌、渗漏

（1）拆卸管片前，根据实测温度、卸压孔压力等数据判断冻土帷幕是否交圈和达到设计厚度；

（2）进行探孔试挖，以开启相应钢管片；

（3）设置安全门，一旦渗漏，可以及时封闭。

11. 冻结壁渗漏

（1）产生的原因：冻结壁不均匀，局部薄弱。

（2）处理措施：可以使用液氮喷洒，看渗水是否得到控制，如果得不到控制，不仅要采用安全门封闭，还应做好隧道内二次注浆和地面跟踪注浆，防止隧道发生较大的变形开裂，地面严重沉降。

12. 冻结壁坍塌

（1）产生的原因：冻结效果差、发生盐水泄漏等。

（2）处理措施：

1）及时初支，封闭掌子面，同时加强对冻结壁的收敛监测和温度监测，一旦冻结壁局部渗水，立即喷洒液氮处理；

2）加强冻结壁与隧道管片界面保温，敷设管路进行液氮冻结；

3）对设备自身机电系统和供电系统进行检查，查明原因，在两天内排除故障；

4）一旦变形过大，关闭安全门进行处理。

13. 衬砌结构质量差

方案中确定施工缝位置、拱顶混凝土浇筑和振捣方式、混凝土防冻措施、混凝土运输措施。

14. 冻胀

1）提高冻结设备能力，加速积极冻结速度，减少交圈所需时间；

2）维护冻结期间，根据监测数据情况，适当调整冷冻机组的运转参数，使冻土范围不超出设计范围；

3）通过卸压孔使冻胀对土层压缩时排出水土，释放压力；

4）在土体中预埋管，为土体冻胀提供自由空间，吸收变形，以减小冻胀力。

15. 融沉

（1）采用热水循环强制解冻，以减少融沉影响范围和时间；

（2）加强监测，根据监测结果及时进行隧道内的二次注浆和地面的跟踪注浆处理。

三、质量安全风险监管的要点

（1）编制专项方案并经专家评审。

（2）地面加固必须经过抽芯取样合格。

（3）按照设计要求进行降水施工（如采用冻结法加固施工，则在附近 200m 范围内一定不能进行降水施工）。

（4）切除洞门前应先水平注浆，并打设水平探孔检验注浆效果。

（5）超前注浆要紧跟施工，严格按照方案控制每循环进尺。

（6）及时进行初期支护、二次衬砌及仰拱施工。

（7）盾构隧道内支撑应经过设计检算并按要求施工。

（8）开展节点验收：详见表 7-4 相关责任主体自查表，表 7-5 监管部门对联络通道开挖节点讨论表。

联络通道开挖条件验收记录 表 7-4

单位工程名称：　　　　　　　　　验收范围：

序号	检查内容	存在问题及整改资料	验收结论
1	联络通道施工组织设计、施工专项方案编制及审批、专家论证及方案完善资料		
2	施工专项方案安全、技术交底资料		
3	建设单位对相邻建（构）筑物、道路、地下管线等设施的交底资料及安全鉴定、监护落实资料		
4	机械设备进场报验执行资料（冻结设备安装资料，是否安装足够的冻结施工备用机械设备）		
5	冻结孔施工质量的检验、控制与验收资料（冻结孔位、孔深、孔偏斜、成孔间距、冻结管长度、冻结管耐压等）		
6	冻结系统运转与冻土墙壁形成质量检验资料（盐水温度、冻土墙交圈时间、冻土墙达到设计厚度时间等）		
7	地层冻胀的控制和土层融沉补偿控制措施的落实资料		
8	冻土帷幕强度，冻土帷幕与隧道管片间的密封检查资料		
9	停冻时的冻土帷幕监测及停冻时的低温氮气喷洒准备资料；开挖过程中冻土帷幕安全监控方案及措施落实资料		

序号	检查内容	存在问题及整改资料	验收结论
10	联络通道开挖监测方案落实资料（含第三方监测）		
11	上下行线隧道联络通道口两侧支撑安装资料		
12	钢管片处是否安装安全应急门及相关资料		
13	双路供电或应急电源就位资料		
14	突发性事故的应急预案编制、救援设备、救援物资、应急救援队伍落实和演练资料		
15	监理实施细则编制和执行资料		
16	监理签发的整改通知书落实及回复资料		
17	其他有关质量安全保证资料是否完整		
18	其他有关施工安全措施落实资料		

施工单位项目经理（签字）： 　　　　　　　　　　　监理单位项目总监（签字）：

验收组组长（签字）： 　　　　　　　　　　　　　　　　　　年　月　日

联络通道开挖节点验收讨论记录表 　　　　　　　表7-5

工程名称： 　　　　　　　　　　时间：

建设单位			施工单位		
监理单位			分包单位		
审查内容	专项方案编制、论证情况		□完善　□基本完善　□不完善		
	参会各专家意见		□已提供　□未提供　□其他		
	周边环境（2~3倍盾构深度影响范围）	建（构）筑物	□鉴定　□监测　□保护措施		
		各种管线	□监护协议　□监测　□保护措施		
	洞口加固质量	冷冻法加固	加固时间 □满足　温度自检 □满足	□不满足 □不满足	□其他 □其他
		搅拌桩地基加固	质量自检 □满足	□不满足	□其他
	安全应急门质量验收		□已验收　□未验收　□其他		
存在问题或讨论意见					
讨论人员					
备注					

第三节 钢筋混凝土高架桥

一、质量安全风险管理内容

1. 质量风险管理要点

（1）地基与基础工程

桩基、承台、扩大基础等主要控制好其平面位置和高程，保证平、立面位置的偏差符合设计和规范要求。天然地基的承载力、桩基础的成孔质量和端承桩持力层的地质强度等必须满足设计和规范要求（图7-5）。

基础钢筋的施工质量：钢筋的品种、规格、数量、力学性能等必须符合设计和规范要求，钢筋制作与安装、钢筋连接必须符合设计和规范要求。

混凝土灌注桩的施工质量：孔径、孔深和桩体混凝土强度符合设计要求，无断桩、缩径现象，采用低应变、声测等进行桩体质量检测（图7-6）。

图7-5 桩位护桶中心复核   图7-6 桩体超声波检测

（2）墩台、柱、盖梁等工程

控制好墩台、柱、盖梁和支座的平面位置、高程；控制好各构筑物的实体质量；钢筋骨架的成型、制作与安装、大直径钢筋的连接检查；混凝土的浇筑质量；控制好台背填土的质量和填土时间（图7-7、图7-8）。

图7-7 立柱钢筋验收   图7-8 立柱裹薄膜养生

（3）桥跨承重结构工程

1）支架上浇筑混凝土梁的质量控制要点

模板与支架的安装质量：支架的地基承载力应符合要求，严格按照专家论证通过后的方案实施，特别要重视腹板梁、大跨径变截面、横梁等线荷载集中处的模板与支架的强度。

混凝土的配合比：选用信誉优良的商品混凝土厂家，对商品混凝土厂家使用的原材料和配合比进行验证，并对混凝土的耐久性按要求进行送样检测。

预应力钢筋的制作与安装：钢筋的品种、规格、数量、力学性能等必须符合设计和规范要求，钢筋制作与安装、钢筋连接应符合要求；预应力钢筋预埋管束的定位应认真检查（图7-9、图7-10）。

图7-9　钢筋安装规范，波纹管定位准确

图7-10　钢筋验收

混凝土的浇筑质量：混凝土浇筑应连续；对每车进场商品混凝土进行检查：混凝土强度等级、级配、坍落度、和易性等；浇筑时应振捣密实，特别是要加强横梁、锚具等钢筋密集区域的振捣，防止结构表面出现空洞、露筋、蜂窝麻面现象；浇筑完成之后，及时进行覆盖洒水养护。

预应力的施加：张拉设备必须按频率和标定周期进行检查和定期送检，确保张拉设备始终处于完好的工作状态；张拉必须有专业操作人员进行施工；张拉采用应力控制的同时，以伸长值进行校验；张拉过程中，应密切注意有无滑丝、断丝现象，做好张拉原始记录；张拉结束后，应及时进行孔道压浆（图7-11、图7-12）。

图7-11　钢绞线采用切割机切割

图7-12　张拉验收

外购构配件材料的质量：预应力钢筋、锚具、夹具的质量应符合要求，按规定的检验频率抽样送检。

2）装配式钢筋混凝土梁的质量控制要点

预制箱梁在预制场加工时的质量管理参照支架上浇筑混凝土梁的质量控制要点。吊装前，对预制箱梁进行检查：检查有无超过设计规定的受力裂缝，孔道压浆的砂浆强度是否满足设计和规范要求；梁板安装质量控制：平面位置、相邻高差、横隔梁相对位置、支座尺寸高差等；铰缝或者湿接缝的钢筋混凝土施工质量。

3）悬臂浇筑预应力混凝土梁的质量控制要点

悬臂浇筑各段时的质量管理参照支架上浇筑混凝土梁的质量控制要点。悬臂施工时必须对称进行，桥墩两侧平衡偏差不得大于设计规定，轴线挠度必须在设计规定范围内，梁体不得出现超过设计规定的受力裂缝，悬臂合拢时，两侧梁体的高差必须在设计允许范围内（图7-13、图7-14）。

图7-13 挂篮安装　　　　　　　　图7-14 高程测量

4）钢梁的质量控制要点

钢梁必须委托有生产资质和能力的企业制造，并加大钢梁的原材料质量和制作质量的抽查力度，保证成品质量。

现场拼接安装：复核支座位置、高程，检查现场的焊接、栓接质量。

涂装检查：检查涂装钢材表面的除锈等级和粗糙度，检查涂装干膜总厚度。

2. 安全风险管理要点

（1）项目安全生产管理机构：根据建质〔2008〕91号文件配备专职安全生产管理人员：5000万元以下的工程不少于1人；5000万～1亿元的工程不少于2人；1亿元及以上的工程不少于3人。

（2）项目隐患排查及整改制度：对施工现场的重大危险源实行登记建档和报告制度，并在施工现场设立重大危险源的告知牌和警示标志，采取相应措施进行监控与整改。

（3）施工人员必须持证上岗：电工、架子工、司索指挥工、电焊工等特种工种必须持市建委系统颁发的岗位证，其他工种（包括普工）必须上岗培训合格后方可上岗作业。

（4）危险性较大的分项工程施工方案进行专家论证：深基坑、高大模板支架、起重吊装等。

（5）深基坑工程：支护桩插入深度，基坑降水，土方开挖放坡，基坑开挖"时空效应"的合理控制，基坑内物料垂直运输，坑边荷载，基坑临边防护，基坑安全通道，支撑上堆放材料或随意行走，基坑毗邻的建（构）筑物，道路和重要管线的保护，基坑周边环境发生较大变化，基坑局部变形报警未采取措施进行控制等。

（6）高大模板支架：高立柱设双立柱支架，支架地基的承载力，支架材料的检验，支架是否按照方案搭设，支架扫地杆、剪刀撑、纵横水平杆、水平剪刀撑、封口杆等构造杆件的设置，操作面的防护栏杆，架体的上下安全通道，架体上集中堆放施工材料，架体的不均匀受力，模板拆除报验与监管。

（7）起重吊装：起重机械的安装检验，违章指挥，吊具、索具的完好性，吊钩保险装置，吊装区域交叉作业。

（8）施工用电：临时用电采用三级配电、三级保护，用电设备的重复接地，接线不规范（一闸多机、PE 线未接），违章接电。

（9）机械伤害、物体打击：违章作业，张拉无防护措施，机械设备的防护装置。

（10）消防：乙炔与氧气瓶的安全间距，焊接、气割时的防火措施，灭火器材的配备，宿舍使用大功率电器。

（11）交通安全：大型构件运输，交通门洞的安全措施（图 7-15）。

图 7-15　交通门洞设置机非分隔带、交通警示标志标识、防撞墩

二、质量安全风险存在的问题

1. 常见的质量问题

（1）地基与基础工程

天然地基、端承桩持力层的地质变化时，未组织五方验槽。

桩基成孔质量问题：泥浆指标控制不严，片面提高钻进速度，产生缩径现象；清孔指标未测，产生沉渣厚度超标；孔深测量管理不严，入岩深度未达到设计要求。

钢筋的施工质量问题：钢筋笼制作尺寸偏小，保护层垫块设置偏少；钢筋焊接质量差，混凝土灌注速度掌控不严，产生浮笼现象；承台的拉结筋未拉住上下两层钢筋（图7-18）。

灌注桩的施工质量问题：采用低应变、声测等进行桩体质量检测，检测是否有断桩、缩径现象；桩头超灌高度不足；清孔泥浆未达标，产生桩头夹泥现象，声测管堵塞，导致不能进行桩体全断面检测。

（2）墩台、柱、盖梁等工程

构筑物的实体质量问题：大直径钢筋的连接质量不合格（图 7-16）；混凝土的浇筑不密实（图 7-17）；台背填土分层厚度偏大，压实度不符合要求，导致桥头跳车严重；为方便梁板安装，轻型桥台在梁板未安装之前进行填土，产生桥台位移。

图 7-16　钢筋对焊接头质量不合格、轴心偏位较大

图 7-17　立柱混凝土振捣不密实

（3）桥跨承重结构工程

未对商品混凝土厂家使用的原材料和配合比进行验证，未对混凝土的耐久性要求进行送样检测。

波纹管的定位不标准。

箱梁混凝土的浇筑质量差，特别是在横梁、锚具等钢筋密集区域的振捣不密实，产生空洞、露筋、蜂窝麻面现象（图 7-18）。

张拉设备超频率、超周期仍在使用；张拉过程有滑丝、断丝现象（图 7-19）；张拉过程无旁站，孔道压浆不密实。

图 7-18　锚具边混凝土振捣不密实

图 7-19　张拉滑丝

85

外购构配件材料的质量；预应力钢筋、锚具、夹具的质量不稳定。

预制梁板加工场质量监管力量薄弱；预制梁板孔道压浆的砂浆强度未满足要求提前进行吊装；支座垫石高差较大；绞缝或者湿接缝的钢筋混凝土施工质量差。

悬臂浇筑合拢时，两侧梁体的高差超出设计的允许范围。

钢梁委托生产资质不良和加工能力弱的小企业制造，钢梁的原材料质量和焊接制作质量的抽查力度不足；现场拼接安装时的焊接质量薄弱；高强度螺栓拧紧度不足；钢材涂装表面除锈不干净、粗糙度低，涂装干膜总厚度不足。

2. 常见的安全生产问题

（1）项目安全生产管理机构配备的专职安全生产管理人员不足或者为兼职人员。

（2）项目部未建立隐患排查及整改制度，施工现场未设立重大危险源的告知牌，现场的警示标志稀少。

（3）特种作业无证上岗，施工人员未经上岗培训直接进入施工现场作业。

（4）现场随意更改专家论证后施工方案。

（5）深基坑工程：支护桩插入深度不足；基坑降水未到位就强行开挖；坑边荷载超限，产生支护变形较大；基坑临边防护未封闭；基坑上下通道简陋；基坑毗邻的建（构）筑物，道路和重要管线的保护措施不到位等。

（6）模板与支架：高立柱未设双立柱支架；支架地基宽带不够，高低不平，承载力较差；支架立杆的纵横间距未按照方案搭设；支架扫地杆、剪刀撑、纵横水平杆、水平剪刀撑、封口杆等构造杆件的设置不完整，扣件不符合规范；操作面的防护栏杆不规范；架体的上下安全通道不规范，数量偏少；架体上随意集中堆放施工材料；模板拆除监管力度不足（图7-20、图7-21）。

图7-20　支架地基宽带不够、不平整　　　　图7-21　支架高度不够、栏杆不规范

（7）起重吊装：起重机械现场安装未检验，违章指挥，吊具、索具的完好性，吊钩无保险装置，吊装区域未清场（图7-22、图7-23）。

（8）施工用电：临时用电未采用三级配电、三级保护，用电设备无重复接地，接线不规范（一闸多机、PE线未接），违章接电（图7-24、图7-25）。

（9）机械伤害、物体打击：违章作业，张拉无防护措施，电动设备无防雨、防护装置（图7-26、图7-27）。

图 7-22　吊钩无保险扣

图 7-23　吊装时未临时封闭交通

图 7-24　一闸多机、PE 线未接

图 7-25　设备未重复接地

图 7-26　电动设备无防雨装置

图 7-27　电动设备无防护装置

（10）消防：乙炔与氧气瓶的安全间距，焊接、气割时的防火措施，灭火器材的配备，宿舍使用大功率电器。

图 7-28　宿舍内使用大功率电器

图 7-29　乙炔、氧气存放在一起

（11）交通安全：大型构件运输无专项交通方案，交通门洞的安全标志标牌、防撞墩等缺失。

三、质量安全风险监管的要点

高架桥质量安全风险，主要从人的管理，设备的管理，材料的管理，生产过程的管理，各项规章制度的落实与执行，实体检测等方面进行重点监管。

（1）人的管理包括：质量安全管理人员的落实，作业人员持证上岗，加强工程质量安全的组织管理等。

（2）规章制度的落实与执行：各项质量检验标准、安全操作规程的执行，现场重大危险源的排查与整改，落实工程质量安全责任制等。

（3）设备的管理：加强工程设备的检验、检查。

（4）材料的管理：加强实体建筑材料的检测，对用于生产的辅助材料进行检验。

（5）生产过程的管理：加强施工质量、安全技术交底，规范施工。对深基坑施工、吊装施工、高大承重支架施工、高处作业、临时用电焊接作业及张拉作业、机械作业、消防等进行动态管控，做到安全文明施工，全面推行工程标准化管理。

（6）实体检测：对完成产品的检验和功能性检测。

第八章 轨 道 工 程

第一节 工程质量安全管理风险

一、工程质量管理重点

1. 施工复测和基标测设

基标是轨道铺设的基准，基标测设的精度是保证轨道几何形位符合设计及验标要求的关键；如何保证线路复测和基标测设的精确度满足施工需要，是轨道安装工程施工的重点。

2. 整体道床道岔施工

地铁工程整体道床道岔结构复杂，施工定位精度要求高，整体质量控制难度大，铺设周期长，施工中几何尺寸要求严格，整体道床混凝土浇筑质量控制难度大，如何保证道岔施工质量（尤其是滑床板的密贴）是制约本工程的一个重点。

3. 减振地段道床施工

一般采用的减振道床有：中等减振地段双层弹性垫板扣件整体道床、高等减振地段橡胶隔振垫浮置板整体道床、特殊减振地段钢弹簧浮置板整体道床。减振等级越高，施工精度要求越高，施工工艺越复杂，尤其是特殊减振钢弹簧浮置板道床结构，施工定位精度要求高，现场浇筑混凝土跨度大，整体质量控制难度大，铺设周期长，是制约轨道工程工期和质量控制的重点。

4. 无枕式整体道床施工

无枕式整体道床结构施工，采用扣件铁垫板下方安装临时硬质垫板代替下方软胶垫的方法，在浇筑道床混凝土时，承轨面控制十分困难，易出现板下吊空现场，是施工质量控制的难点。

5. 有砟道床施工

有砟道床施工时，对道床密实度、横向阻力、纵向阻力的施工要求高，需严格按规范要求进行检验，并在过程中多次进行捣鼓、沉落整修。

6. 钢轨焊接施工

钢轨焊接质量是保证接头力学强度、轨道几何平顺性和提高旅客舒适度的关键；焊前的型式试验、焊接过程中的参数控制、焊后处理等各个工序过程都是保证钢轨焊接质量的重点环节。

7. 轨底坡控制

短轨枕整体道床轨道结构，轨底坡控制比较困难，尤其是在小半径曲线地段，轨道左右股钢轨超高大，控制特别困难。施工过程中轨道轨底坡的检测和控制，是保证轨道工程施工质量的一个难点。

二、工程安全管理难点

1. 工程材料运输

城市地铁穿越繁华闹市区和人口稠密地带,工程所需钢轨、短轨枕、道岔、商品混凝土、钢材、施工设备等,均须利用汽车运往铺轨基地,并通过预留的下料口倒运至施工现场,而沿线人流、车流密集,干扰制约因素多,施工周边环保要求高。

2. 大坡道、小半径地段轨排运输

地铁正线设计最大坡度为35‰,最小曲线半径为300m;停车场出入线设计最大坡度为40‰,最小曲线半径为200m。大坡道、小半径地段如何安全运送轨排、大量混凝土,是工程的一个突出难点。

3. 联络通道地段过渡

由于多处盾构贯通较晚,铺轨施工与联络通道施工冲突,如何实现联络通道地段安全顺利的过渡施工,是保证工期控制和安全控制的一个难点。

4. 轨行区管理

轨道承包商作为轨行区的管理主体单位,自土建移交起,至轨道竣工验收期间终止,管理时间长、跨度大、项目多、难度大。

轨行区的行车组织是地铁施工期间的重大危险源,因其管理时间长,管理跨度大,涉及车站、区间、供电、信号、设备安装等全线众多单位,造成轨行区的安全管理难度大。

5. 设备管理

施工过程中用到的各种大中小型设备,轨行区内空间小,施工人员多,平板车、小门式起重机等设备防溜措施不到位,从而为设备安全埋下隐患。

6. 临时用电管理

铺轨工作已完成,轨行区区间内设有不少电箱,因区间长,区间内又有多家单位在施工,经常会出现私接及乱拉电线情况,易在临时用电上出现各种问题,是临时用电管理的难点。

第二节　质量安全风险存在的问题

1. 安全风险存在的问题

轨行区的管理:

(1) 施工单位多,管理难度加大,施工请销点工作落实不到位。其他单位施工人员无点施工、随意更改施工区域(图8-1)。

(2) 施工现场安全防护不到位,无防护等现象经常出现。

(3) 沿线施工单位材料侵线、胡乱堆码在轨行区内,影响行车安全(图8-2)。

(4) 轨行区内用电安全存在风险,用电不规范、随意接线、损坏后不及时进行修复。

2. 质量风险存在的问题

轨道成品保护问题:

(1) 由于施工单位多,对轨道设备的保护不重视,造成道床污染、损坏等情况,道岔使用不规范,出现尖轨变形、碰伤的情况;在钢轨上拖拉大型铁件、胡乱钻孔甚至切割钢轨,使钢轨出现被划伤、损伤等现象（图8-3、图8-4）。

图8-1　外单位安装人防门占据轨道影响行车

图8-2　外单位清运垃圾占据轨行区

图8-3　外单位施工不当,造成道床钢轨损坏

图8-4　外单位焊接在钢轨上的损伤

（2）已完工的轨道设备丢失严重,造成二次返工维修,影响质量和道床外观。

（3）为达到管片止水的目的,在盾构段已完成的道床排水沟上钻孔排水,破坏道床排水沟。

第三节　质量安全风险监管的要点

1. 轨行区的管理：加强统一领导,明确责任划分,加大奖惩力度,保证行车安全

（1）由建设单位牵头组织轨行区管理,编制轨行区管理办法,成立轨行区管理调度室,成员由轨道施工单位和电气化专业施工单位调度组成,由业主统一管理全线轨行区施工安全,所有进出轨行区的单位必须向轨行区管理办公室请点后,才能进入施工。

（2）进入轨行区作业必须做好安全防护。地下线区间防护时,防护员远离作业区段50m处使用红黄灯设置防护,遇曲线地段可适当延长防护距离至100m。

原则上必须在线路两端进行防护,但如能确定只有一端来车时可在一端进行防护,如作业影响邻线行车则必须对邻线也进行防护。

手推车、手推小平车和梯车的使用必须派专人在两端防护，防护距离不小于200m。

小平车在线路上卸料时，必须使用三角木楔或自制简易铁鞋两端两侧止轮，一端的麻绳捆绑于钢轨上，两端不小于100m处专人防护并设置红闪防护灯。

坚持"谁防护、谁撤除"的原则，防护一旦设置，其他人员不得擅自挪移、更改防护装置。防护员手持防护号志防护，当工程车接近时，防护员不能在线路中走动，应站在工程车前进方向左侧（面对来车方向右侧）显示防护信号。

（3）轨道车必须由专职司机操纵，轨道车年度检查合格证、轨道车辆车轴探伤合格证及制动部件检验合格证齐全、有效。

（4）工程车在线路上的最高限速规定：①工程车在正线推进运行的最高速度限制为20km/h；②单机挂车推送最高速度为35km/h；③工程车或轨道车在正线上牵引运行的最高速度限制为35km/h；④工程车侧向通过道岔的最高速度限制为25km/h；⑤大件货物运输工程车的最高速度限制为35km/h；⑥向存车线调车的速度限制为15km/h；⑦进入尽头线的速度限制为15km/h；⑧车辆对货位的速度限制为5km/h；⑨车辆连挂的速度限制为3km/h。

（5）工程车停车后，轨道车必须做好防溜措施（图8-5、图8-6）。

图8-5　施工平板车防溜　　　　　　　　　图8-6　轨道车防溜

（6）靠近线路堆放设备、材料和机具不得侵入建筑限界，并必须加固稳妥。堆放高度不得高出钢轨300mm。

在轨道外侧存放材料时，所存材料距既有轨道钢轨外侧不得小于300mm，高度不得高出钢轨25mm。

站台上所存放材料及设备距离站台边缘不得小于1.5m。对易滚动的材料和机具等必须做好加固与防溜措施，防止因振动等原因滑落侵限而造成人员、设备、材料等事故。

列车运行通过站台范围时，站台上的人员、设备、材料等必须撤离距站台边缘1.5m以上范围；轨行区范围内不得有任何影响行车的人员、设备、材料等。

（7）施工作业中需扳动道岔时，由调度室派专人根据《施工行车通告》和联合调度的指令扳动道岔，扳道人员在确认道岔密贴，进路正确并用钩锁器加锁后调度室汇报。所有车辆在道岔前应一度停车，确认进路正确、道岔密贴后方准越过道岔。

（8）工程车行驶时，司机和车长（调车员）必须加强瞭望，准确判断路况，发现异常情况应立即停车。工程车在隧道内行驶、通过车站、曲线以及瞭望不良时，应鸣笛示警，减速通过。

2. 铺轨门式起重机起重吊装的安全注意事项

（1）铺轨门式起重机由龙门起重司机操作，必须经过专门培训的人员方可操作。

（2）铺轨门式起重机与平板车对位时应采用轨道车辆推进到一定的安全距离停机并做好防溜，铺轨门吊走行至平板车前端并跨越平板车缓慢走行对位。

（3）司机开动门式起重机前应先检查门式起重机周围的作业环境，轨道上及机体两侧是否有阻挡物、夹轨器是否松开、电缆线是否放置在指定位置、电缆是否挂到了钢支墩上、电源是否接触良好、是否缺相等。

（4）在司机操作门式起重机进行吊重走行作业时，注意要均匀地旋转电缆卷线器收放电缆，并时刻监控电缆的盘绕情况，防止拉扯电缆及乱槽的情况出现。

3. 整体道床铺轨施工质量控制要点

（1）铺轨前，轨行区土建结构经分部工程验收合格，结构无渗漏现象。

（2）道床浇筑前，确认道床与原土建结构结合面的积水、垃圾、淤泥已清理干净。

（3）轨道测量控制基标经业主测量单位复核后，满足规范要求；加密基标经监理单位测量复核后，满足规范要求（图8-7）。

（4）轨道精调完毕，经轨道专业监理工程师验收后，方可浇筑作业。

（5）道床面排水横向坡度和水沟纵向坡度控制满足设计及规范要求，避免道床面积水，水沟排水不通畅。

4. 有砟道床铺轨施工质量控制要点

（1）道砟摊铺前，土建路基结构经过分部工程验收合格，压实度及横向坡度满足设计及规范要求。

（2）道砟进场时，应对其粒径级配、颗粒形状及清洁度进行检验，并出具试验检测报告。

（3）道砟预铺完毕碾压后，压实密实度不低于1.7g/cm³，并出具试验检测报告。

（4）线路铺设完毕后，进行铺砟整道作业，使道床捣固密实，线路达到初期稳定后方可进行线路锁定作业，道床横向阻力及支承刚度满足规范要求。

5. 钢轨焊接及线路锁定施工控制要点（图8-8）

图8-7　施工复测和基标测设

图8-8　钢轨焊接施工

（1）出现下列情况之一时应进行钢轨焊接形式检验：

1）钢轨焊接接头初次生产；

2）正常生产后，改变焊接工艺，可能影响焊接接头质量；

3）更换焊轨设备；

4）首次焊接时，钢轨生产厂，或钢轨型号，或钢轨牌号，或钢轨交货状态改变；

5）生产检验结果不合格；

6）停产一年后，恢复生产前。

（2）出现下列情况之一时应进行生产检验：

1）连续焊接 500 个接头；

2）焊机工况变化，对某个焊接参数进行修正之后；

3）焊机出现故障、记录曲线异常，故障排除之后；

4）焊机停焊钢轨 1 个月以上，开始焊接生产前。

（3）钢轨焊接接头探伤：

1）钢轨焊接后，施工单位应对焊接接头进行超声波探伤作业，并填写探伤记录。

2）探伤员要求持有铁道部门无损探伤技术资格鉴定考核委员会颁发的Ⅱ级或以上级别的技术资格证书，并经过钢轨探伤技术培训方能独立上岗作业。

3）竣工验收前，建设单位应委托第三方对施工单位完成的焊接接头进行不少于 10%的抽检复探。

（4）无缝线路锁定：

1）露天地面线及高架线无缝线路锁定前，当施工锁定轨温偏离设计规定的锁定轨温时，需进行应力放散作业后，再进行线路锁定。

2）地下线根据实测轨温情况，在满足设计锁定轨温的情况下，焊接完毕后可一次性正式锁定线路。

3）锁定完毕后，在轨道两侧的道床面上设置位移观测装置，用于观测线路爬行情况，并填写相关记录。

6. 其他质量安全风险监管的要点（图 8-9～图 8-12）

图 8-9　外单位装修污染道床

图 8-10　外单位人防门施工在轨道上拖拉

图 8-11　外单位堵漏完毕后水桶遗留轨行区

图 8-12　外单位堵漏对道床产生污染

第四篇　系统设备安装阶段

第九章　系统设备安装工程质量安全风险监督管理概述

第一节　系统设备安装的工程特点

一般在地铁土建收尾（主体结构质量缺陷整治、出入口与风道等附属工程施工）的同时，就开始进入安装阶段。安装工程包括常规设备和轨道交通系统设备的安装。其主要具有以下几个特点：

（1）城市轨道交通系统设备安装的特点是专业性强、要求高、涉及的专业多，多个施工单位和多专业在车站、区间等有限空间交叉或同时施工，施工安全的综合协调管理非常重要；

（2）全线隧道贯通使得所有区间和车站在空间上连成一体，原来相对独立的施工风险就具有相互关联性；

（3）安装过程中电焊、切割甚至吸烟等火源较多，火灾风险较大；

（4）人员及作业点多而且分散，人员的行为管理十分重要。

第二节　系统设备安装的安全策划重点

在安装阶段，任何一个施工单位和任何一个作业人员，应做到"不伤害自己，不伤害别人，不被别人伤害"。根据地铁安装工程的特点，施工安全策划主要从以下几个方面着手：

（1）统一协调管理机制，包括建设单位建立车站、区间（轨行区）安全管理统一协调、指挥的体制和机制，确定属地管理单位、施工单位相互之间签订安全管理协议和指定安全管理人员。

（2）轨行区作业安全管理，包括进入轨行区作业的申请与审批机制、轨行区作业的安全措施、离开轨行区的工完场清与销点。

（3）消防安全管理，包括可燃物和危险化学品的储存、灭火器材的配备与管理、焊割等动火作业的申请与审批。

（4）防汛管理，包括出入口、风亭、设备材料运输井等预留洞口的防雨、防洪措施，要高度重视车站出入口土建施工的涌水可能对车站的影响，落实出入口与车站连通后防止涌水进入车站的措施。

（5）作业人员的管理，包括工牌的统一配发与佩戴、进入车站和轨行区的许可、安全教育。对于设备安装工程易发事故（高处坠落、触电、火灾、轨行区车辆伤害事故等）的预防，提高作业人员的意识和技能，规范人的行为，及时纠正人的不安全行为等措施是关键。

（6）防护设施与文明施工管理，难点是多单位、多作业点的情况下如何保证作业场所（车站、区间）的临边防护设施和场地整洁有序，包括材料设备的堆放、区间积水及时抽排、余料（废料）和垃圾及时清理外运、照明的保证。

第三节　安装施工风险控制措施

一、安全统一协调管理的风险控制

开工前，施工单位除应与建设单位签订安全协议书，明确施工安全责任外，还应在建设单位的协调下与属地管理单位、供水、供电、供气、先期施工单位和防护设施的产权、管理单位以及其他相关单位签订安全施工协议，相互指定公共作业区的安全管理人员。在同一区域作业的施工单位，应服从属地管理单位的统一协调管理。

施工中，每一个施工单位应定期向属地管理单位提交施工计划，根据属地管理单位协调、审批的施工计划，结合其他承包商的施工计划，合理安排本单位的施工任务，尽量避免交叉施工。若无法避免，则应与其他承包商探讨交叉施工时双方应注意的安全事项，制订针对性安全措施。

二、轨行区安全风险控制措施

轨行区安全管理的第一个重点是轨行区作业管理。建设单位在其轨行区运输与施工安全管理办法和属地管理单位委托合同中一般都规定如下措施：

（1）车站属地管理单位应对所有能进入轨行区的通道（包括站台层、设备房通向轨行区的通道）实行封闭；

（2）轨行区管理单位应安排专人对轨行区进行巡视，在车站站台层安排专人，及时发现和制止未经批准擅自进入轨行区作业的人员；

（3）任何单位在安排人员进入轨行区作业前，都应向轨行区调度机构请点，只有在获得批准后，才能按照规定的时间进入规定的区域作业；

（4）在作业过程中，应落实安全措施，包括在作业区两端头 50～100m 远处设置安全警示灯、安排专人监护，作业人员统一穿着反光衣等；

（5）作业完成后，做到工完场清，设备物料不得侵入轨行区范围，人员全部撤离，并及时向轨行区调度机构销点；

（6）轨道车（工程车）行驶时，要严格控制车速，司机加强瞭望，一旦发现异常情况能采取紧急刹车等措施；其他运送物料的车辆（如人力推车），应安装防溜车装置。

三、火灾风险控制措施

项目部成立由项目经理担任组长的消防领导小组，负责领导和组织本工程消防工作；制订消防管理措施；检查和督促措施的实施；对消防工作进行监督检查。现场消防安全保障措施包括：

（1）作业现场和变配电室应配备足够的消防器材，且消防器材应放置在明显、易取处；

（2）工程用可燃品和材料要严格管理，严禁在变电所内存放易燃易爆物品，可燃的废弃材料和物品要及时清理出车站和区间；

（3）进行明火作业前，要向属地管理单位申请办理动火证，经批准和现场落实防火措施后方可作业；

（4）焊接周围和下方应采取防火措施，焊接现场 10m 范围和下方焊割火星可能飘落的范围内，不得堆放木材、纸箱、氧气、乙炔及其他易燃易爆物品；焊接完成后，应及时清理现场、灭绝火种、切断电源、锁好电闸箱，待焊料余热消除后，方可离开。

四、触电风险控制措施

安装阶段，除了施工临时用电应遵守施工现场临时用电规范外，还要高度重视供电系统安装、送电的触电风险控制，以及接触网带电后的安全风险控制。

（1）施工临时用电的触电风险控制措施。在安装过程中，电线布设是难点，应高度重视和统一规划。

（2）供电系统安装的触电风险控制措施。供电系统安装过程中易发生触电事故，必须在施工前做好安全防护措施，编制相应的安全施工规程。开通送电过程应严格执行有关的安全规则和经批准的开通方案，按照电调命令进行受电和送电操作，时间、地点、操作步骤不得随意变更；供电网送电后，工作现场应将所有的电气设施视为带电，各种作业（包括事故抢修）均应办理停电作业手续。各种带电设备均应悬挂"小心有电，禁止靠近"的醒目标志。验电时，必须有旁人监护，必须穿戴绝缘手套、绝缘靴、安全帽，并使用合格的与电压等级适应的验电器。

（3）接触网带电后的安全风险控制。接触网首次带电后，视为接触网永久带电，进入接触网带电区域进行作业，需经调度室批准，方可作业。作业时间、作业人员（包括所持的机具、材料、零部件）与接触网的距离不能小于安全距离，否则作业前接触网需经停电、验电、挂地线。

五、高处坠落的风险控制措施

对电缆井口、电梯井口、风道口、出入口、下料井口、预留洞口和楼梯的临边，应安装防护栏、防护网或固定的盖板，并经常检查，确保完好。在高处进行各种管线、接触网、电缆支架安装作业过程中：①使用移动式操作平台时，操作平台应具有必要的强度和稳定性，在操作平台的显著位置标明操作平台的允许载荷值，使用时操作人员和物料的总重量不得超过设计的允许载荷。使用中平台应满铺并且牢固，制动装置有效。操作平台的周边必须设有不低于 1.2m 的防护围栏，严禁携带工、机、具、材料等物品攀爬平台。②使用梯子时，梯子应牢固，具有足够的强度，下端应有防滑措施或用绳索等将梯子下端与固定物缚住，梯子与地面夹角为 60°，顶端与构筑物靠牢并且高出 90cm 以上。

六、上下立体交叉施工风险控制

进行上下立体交叉作业时，不能再同一垂直方向上操作；下方作业的位置，应处于依据上方作业高度确定的物体坠落的半径之外。不符合以上条件时，应设置安全防护层。作业区周围及进出口处，应派有专人瞭望，严禁非作业人员进入危险区域。

七、起重吊装作业安全风险控制

安装的起重吊装安全措施与土建工程的起重吊装作业的基本相同，主要有：严格制订吊装方案，作业人员要取得特种作业人员资格证，作业过程中加强检查和安全监护。安装工程起重吊装作业具有特殊性，如出入口电扶梯或通过出入口的构件的吊装，都涉及升降和平移；车站内大型吊装作业都通过捯链和土建预埋吊钩，作业前应全面核查这些设备、构件的强度和可靠性。

八、现场危险源监控点及控制措施（表 9-1）

现场危险源监控点及控制措施 表 9-1

危险源监控点	作业活动	可能导致的事故	控制措施
特殊工种和机操人员未经培训合格，未做到持证上岗	现场作业人员	高处坠落/起重伤害/火灾/触电	施工人员进场检查特殊工种证件，作业过程中安全员检查特殊工种证件
未经许可随意拆改安全防护设施和设备		高处坠落	安全员许可的情况下，施工员负责协调拆除部位，并负责恢复，安全员检查验收
作业人员不掌握安全技术操作规程		各类事故	项目总工负责对进场人员作安全技术操作规程培训，作业前施工员负责操作规程交底
无施工组织设计（方案）安全技术措施	方案措施管理	各类事故	作业前检查施工组织设计专项方案，需经监理审批
起重吊装	未编制专项方案和专项方案编制内容缺失	高处坠落/物体打击	专项方案严格审批报监理，施工时安全员监督，设立吊装警戒区
单机试车和联动试车		机械伤害/倒塌等	编写专项方案，审批后实施
管沟开挖施工		坍塌	编写专项方案，审批后实施
现场临时用电布置		触电	编写专项方案，审批后实施
工地员工宿舍搭设与拆除		高处坠落/物体打击/坍塌	编写专项方案，审批后实施
设备设施未经验收	施工作业准备	起重伤害/机械伤害/倒塌等	进场查验合格证明文件，挂牌后才能使用
未使用个人防护用品		高处坠落/机械伤害/触电等	及时发放个人防护用品，安全员监督现场使用情况，做好教育培训工作
临时用电设备 5 台或总容量在 50kW 以上的未编制用电组织设计	临时用电施工组织设计	触电	编写专项方案，审批后实施
起重机和吊物边缘与架空线的最小水平距离小于安全距离，未搭设安全防护设施。未悬挂醒目的警告标示牌	外电防护	触电	编写专项方案时勘察现场情况，需要防护隔离的，做好隔离措施，施工时安全员监督执行
电气设备的不带电的外露导电部分，未做保护接零	接零接地保护	触电	设备进场验收时检查，以后每月定期检查，安全员每日巡查
施工现场的电力系统利用大地作相线和零线		触电	严禁发生，检查重复接地点
在容器、管道内、孔洞内等有限空间及危险场所作业未按要求使用安全电压		触电	加强交底，安全监护，要求使用安全电压
保护零线和工作零线混接		触电	安排专职电工，严格执行三相五线制
配电不符合三级配电、二级保护的要求		触电	临电验收，加强监督巡查，按要求使用

危险源监控点	作业活动	可能导致的事故	控制措施
开关箱无漏电保护器或失灵的，漏电保护装置参数不匹配的	接零接地保护	触电	安全员、维修电工每日巡查
配电室（柜）未设保护地线		触电	产品订货时要求配置，日常巡检
配电室（柜）未安装漏电保护器		触电	产品订货时要求配置，日常巡检
手持照明灯具或潮湿作业场所未使用安全电压		触电	施工员交底，安全员监督，要求使用安全电压
特种设备无准用证、未经验收合格就投入使用	施工机械	机械/起重伤害	进场检查准用证，验收合格才能使用
无资质安装、拆除、维护	起重吊装作业前检查与起重机械安装、拆除	起重伤害	本单位需有相应的资质才能施工，无资质请有资质的专业公司完成，实施时查验企业资质
不正确使用（选用）吊索具		起重伤害	由专职的司索工实施
吊索具本体有缺陷		起重伤害	吊装前检查
无安全技术措施或施工方案	高处作业	高处坠落	编写高处作业"作业指导书"，并专项交底，现场监督实施
抛掷工具材料		物体打击	施工员交底，安全员监督，禁止发生高处抛物
临边无防护		高处坠落	施工前检查，必须有临边防护
25cm×25cm 以上洞口不按规定设置防护栏、盖板、安全网	"三宝"、"四口"及"五临边"防护	高处坠落	编写专项方案，审批后实施，安全员现场监督实施，并每日巡查
临边无防护或防护不牢固		高处坠落	编写专项方案，审批后实施，安全员现场监督实施，并每日巡查
楼梯口未设防护栏杆		高处坠落	编写专项方案，审批后实施，安全员现场监督实施，并每日巡查
预留洞口未按要求搭设安全网或盖板、栏杆		高处坠落	编写专项方案，审批后实施，安全员现场监督实施，并每日巡查
使用氧气、乙炔气瓶不接防回火装置或失灵	电焊、气焊施工作业	火灾/爆炸	无防回火装置不能施工
无二次侧空载降压保护器或空载电压超标		触电	无空载保护器不能施工
焊渣引燃引起明火		火灾	焊接前检查周边环境，配专人监护，配灭火器
氧气、乙炔瓶曝晒或安全距离不够		爆炸/火灾	禁止曝晒，安全距离需交底，现场监督

102

危险源监控点	作业活动	可能导致的事故	控制措施
违章操作	机械使用	机械伤害	施工前作培训，并交底，施工过程中监督检查
未办手续动火	禁火区动火作业	火灾/爆炸	严禁发生，严格执行动火审批程序
未编制冬、雨期施工方案	季节性施工	综合伤害	及时编写，报监理审批，监督执行
易燃易爆物资及氧气、乙炔气瓶储运	危险化学品运输储存和使用	爆炸/火灾	设立专库，专人保管
库房易燃品及易燃物资储存		火灾	设立专库，专人保管
集水坑未设防护盖板或防护栏杆	集水坑周边作业	高处坠落	按临边防护要求完成
室外管线施工，管沟开挖	室外管沟开挖	各类事故	编写专项施工方案，核对原有地下管线位置，并标注，制订安全保护措施
三级配电箱电缆在轨道上方横穿	区间临电	触电	从轨道下方穿越
在距离接触网2m内作业，未申请停电	接触网受电后周边作业	触电	申请停电，安全员监督执行
在距离接触网2~4m内作业，未安排有接触网电资格或经专门培训人员在场监护		触电	专项交底，安全员监督执行
轨道车使用前未检查刹车装置	自制施工用轨道车物料搬运	机械伤害	使用前检查刹车装置，禁止溜车
未按照请点批复单指定的时间、区域进行作业	车站及周边区域作业	机械伤害	专人负责，专人监督，严格执行请销点制度
作业过程中未根据作业位置及时调整警示标志的位置	隧道内区间施工作业	机械伤害	专人负责，专人监督，严格执行轨行区作业制度
作业前未检查卧式风阀的启闭状态	活塞风孔下方作业	物体打击	施工员交底，安全员监督
作业前未检查卧式风阀的启闭状态	卧式风阀上方及周边作业	伤害车辆/触网断电	施工员交底，安全员监督
在轨道中间及轨道上放置材料工具	材料机具堆放	车辆脱轨/倾覆	专人负责，专人监督，严格执行轨行区作业制度，完工后专人检查

第十章　系统设备安装工程质量安全风险监督管理要点

第一节　通风空调系统

一、质量安全风险管理内容

1. 制冷设备与制冷附属设备安装质量安全管理

（1）设备的混凝土基础必须进行质量交接验收，主要检查验收其混凝土配合比、混凝土养护及混凝土强度是否符合设计要求。

（2）用地脚螺栓固定的制冷设备或制冷附属设备，其垫铁的放置位置要正确、接触紧密；螺栓必须拧紧，并有防松动措施。

（3）设备水平度或垂直度在允许偏差内。

（4）采用隔振措施的制冷设备或制冷附属设备，其隔振器安装位置要正确，每个隔振器的压缩量应均匀一致（图10-1）。

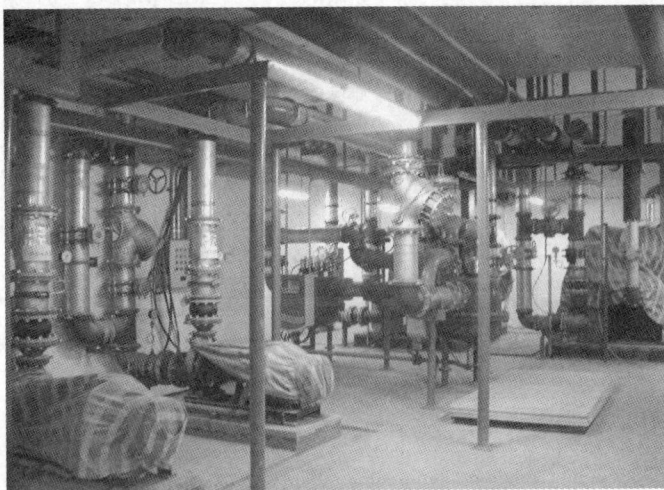

图 10-1　设备的混凝土基础及隔振措施

2. 水泵安装质量安全管理

（1）安装前核对基础定位尺寸及标高；

水泵就位前检查基础预埋的地脚螺栓位置，螺栓大小、材质、垂直度；

水泵就位后，拧紧螺栓，扭力矩均匀，检查螺母、垫圈及底座垫铁组安装质量（图10-2）。

（2）安装后，水泵泵体的底座要水平，且与基座接触严密；

水泵联轴器无损伤，两轴的不同轴度及联轴节间的端面间隙符合相关标准的规定；

图 10-2　消防水泵的混凝土基础及隔振措施

检查电机的绝缘电阻是否符合相关规范的规定。

（3）水泵安装就位后，进出口暂不接入管道的，须用钢板封闭，以免垃圾和杂物进入泵体内。

3. 柜式空调机组和风机盘管安装质量安全管理

（1）设备、部件及管道的连接牢固，严禁渗漏；

（2）凝结水管的坡度必须符合排水要求；

（3）设备、部件及与风口、风管及回风室的连接必须严密、牢固；

（4）设备安装水平度或垂直度在允许偏差范围内。

4. 风机安装质量安全管理

（1）固定基础时，先校正基础的标高和水平度，各组隔振器承受荷载的压缩量必须均匀，不得偏心。

（2）隔振器安装完毕后，在其使用前采取防止位移及过载等保护措施。

（3）风机进出口管上设 150～250mm 长的软接头，与风管采用法兰连接。

（4）风机悬挂安装时，使用的隔振支吊架必须安装牢固，隔振支吊架的焊接必须按国家现行标准《钢结构工程施工质量及验收规范》中的有关规定进行。焊接后必须矫正。

（5）风机安装时安装方向和叶轮旋转方向必须正确。

（6）安装在管道中间的风机须设置专用支吊架，与风机相连的异径风管在风机就位找平后安装（图 10-3）。

5. 风管、水管及其部件制作质量安全管理

（1）金属风管制作

1）制作风管所用钢板的厚度是否符合验收规范或设计要求。

2）加固措施：矩形风管边长大于 630mm，保温风管边长大于 800mm，管段长度大于 1250mm 或低压风管单边截面积大于 1.2m^2、中高压风管截面大于 1.0m^2，均采取加固措施；对边长小于或等于 800mm 的风管采用棱筋加固。对于中压系统的风管采用加固框加固。

图 10-3　风机的隔振器安装

3）镀锌钢板风管咬接形式，翻边处裂缝和孔洞处理。

4）风管表面必须平整，圆弧均匀，不得有横向拼接缝，并尽量减少纵向拼接缝，纵向接缝要错开。咬口缝紧密，宽度均匀。矩形风管底边宽度不大于 800mm 时，其底边不得有纵向拼接缝。

5）2mm 薄钢板风管采用焊接，法兰与风管连接时需满焊。焊接时采取措施，防止风管变形。

矩形弯管当边长大于 500mm 时，要设置导流片。

6）柔性短管长度一般为 150～250mm，其接缝处要严密和牢固，安装时注意松紧要适当，不得扭曲，并不得作为异径管使用。柔性短管按不同系统采用不同的材质。

（2）金属风管及部件安装

1）风管及部件安装，如穿越墙体、楼板、屋面时，设预留孔洞。尺寸和位置符合设计要求，且法兰不得设置在墙洞内。

2）风管法兰连接时，垫合适的法兰垫料：一般普通风系统中风管与风管，风管与风机之间的密封垫片，采用无石棉环保型垫片；排烟系统风管选用耐温 280℃，1h 的无石棉环保型垫片，厚度均为 3～5mm。垫料要与法兰齐平，不得凸入管内。

3）风管法兰的连接螺栓要均匀拧紧，防止因不平整引起的漏风。连接法兰的螺栓、螺母在同一侧（指整根风管）。风管立管法兰穿螺栓，要从上往下穿，螺杆方向朝下，以保护螺纹不被水泥砂浆等破坏。

4）风管标高确定后，按照风管系统所在的空间位置，确定支、吊架等的形式。

5）支、吊架的制作、设置及间距：

支、吊架的制作、设置及间距符合设计要求；无要求时，水平安装，风管大面边长小于等于 400mm 的，间距不超过 4m；大于 400mm，小于 1000mm 时，间距不超过 3m；大于 1000mm 时，间距小于 2m。风管垂直安装，间距不大于 4m，单根立管固定件不少于 2个。风管穿越楼板，在楼板上层设固定支架；风管穿越墙洞，另设支架，不得搁置在墙洞上。吊架不得设置在风口、阀门及检视门处。支、吊架均做好防腐措施，做到均匀无遗漏。悬吊的风管在适当的位置设置防止摆动的固定支架。

6）风管保温符合以下要求：

保温材料下料要准确，切割面要平齐，在裁料时要使水平、垂直面搭接处以短面两头顶在大面上。保温棉敷设平整、密实，板材拼接处用铝箔自粘胶带粘接，自粘胶带的宽度不得小于50mm。

保温材料纵向接缝不能设在风管和设备底面。

风管法兰部位绝热层的厚度，不得低于风管绝热层的0.8倍。

7）风口安装符合以下要求：

风口到货后，对照图纸核对风口规格尺寸，按系统分开堆放，做好标识，以免安装时弄错。

安装风口前要仔细对风口进行检查，看风口有无损坏、表面有无划痕等缺陷。凡是有调节、旋转部分的风口要检查活动件是否灵活，叶片是否平直，与边框有无摩擦。对有过滤网的可开启式风口，要检查过滤网有无损坏，开启百叶是否能开关自如。风口安装后对风口活动件再次进行检查。

在安装风口时，注意风口与所在房间内线条一致。尤其当风管暗装时，风口要服从房间线条。吸顶安装的散流器与吊顶平齐。风口安装要确保牢固可靠。

为增强整体装饰效果，风口及散流器的安装采用内固定法：从风口侧面用自攻螺钉将其固定在骨架上，对于安装在站台板下风道上的风口加设角钢支框，具体做法见图10-4。

成排风口安装时要用水平尺、卷尺等保证其水平度及位置，并用拉线法保证同一排风口/散流器的直线度。

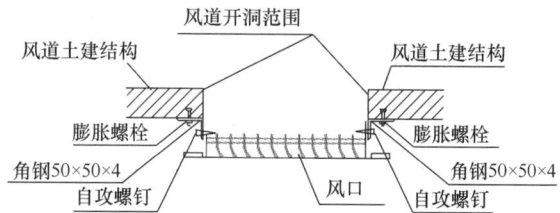

图 10-4　风口与土建风道连接方式示意图

8）风管及部件安装还应符合表10-1的要求。

风管及部件安装要求 表 10-1

项别		项目	质量标准	检验方法	检查数量
保证项目	1	风管及部件安装	风管及部件安装前，清除内外杂物及污物，并保持清洁。安装必须牢固，位置、标高和走向符合设计要求。部件方向正确，操作方便。风管连接后，必须严密不漏，法兰垫料及接头方法必须符合设计要求和施工规范《通风与空调工程施工质量验收规范》GB 50243—2002的规定。防火阀检查孔的位置必须设在便于操作的部位	观察检查	按不同材质、用途，每个相对独立的功能系统各抽查20%。其中，水平、垂直风管的管段在5段以内的，各抽查1段；5段以上的，各抽查2段
	2	支、吊、托架安装	支、吊、托架的形式、规格、位置、间距及固定必须符合设计要求和施工规范《通风与空调工程施工质量验收规范》GB 50243—2002的规定，严禁设在风口、阀门及检视门处。采用碳素钢支、吊、托架时，必须进行防腐及隔热处理	观察、尺量和手扳检查	

项别		项目	质量标准	检验方法	检查数量
保证项目	3	斜插板阀安装	垂直安装时，阀板必须向上拉启；水平安装时，阀板顺气流方向插入。阀板不得向下拉启	观察检查	按不同材质、用途，每个相对独立的功能系统各抽查20%。其中，水平、垂直风管的管段在5段以内的，各抽查1段；5段以上的，各抽查2段
	4	柔性软管	柔性软管与风管、设备的连接必须严密不漏。安装松紧适度，不得扭曲	观察检查	
	5	风管整洁	风管、静压箱安装后，内壁必须清洁，无浮尘、油污、锈蚀、杂物等。风管表面平直，不得有凹凸穴及锈蚀、划痕等缺陷	观察、尺量和白绸布擦拭检查	
	6	风阀安装	风阀安装后，按技术要求检查气流方向是否正确、手动开关是否灵活，不得有卡涩现象，检查接线是否正确，并进行通电试验，检查各通电操作功能是否正确	试车检查并检查试车记录	全数检查
基本项目	1	风管接缝	接缝表面平整、美观。空调系统底部接缝作密封处理。风管表面不得有十字交叉的拼接缝	尺量和观察检查	逐条检查
	2	风管法兰连接	对接平行、严密。螺栓紧固，且露出长度适宜一致，同一管段法兰、螺母均在同一侧	扳手拧试和观察检查	同保证项目
	3	风口安装	外表面平整、不变形。位置正确，同一房间内相同风口标高一致，排列整齐，外露部分平整美观。边框与建筑装饰面贴实，调节灵活	尺量和观察检查	按系统，各抽查20%。但小系统不少于2个房间
	4	柔性软管	松紧适度，长度符合设计要求和施工规范规定，无开裂和扭曲现象	尺量和观察检查	逐个检查
允许偏差项目	1	风管	水平度：每米允许偏差小于3mm；总偏差小于20mm。垂直度：每米允许偏差小于2mm；总偏差小于20mm	拉线、吊线、液体连通器和尺量检查	同保证项目
	2	风口	水平度：允许偏差小于3/1000。垂直度：允许偏差小于2/1000	拉线、吊线、液体连通器和尺量检查	同基本项目第3条

（3）金属风管及支、吊、托架防腐油漆工程（表10-2）

项别		项目	质量标准	检验方法	检查数量
保证项目	1	喷涂底漆前的表面处理	表面的灰尘、铁锈、焊渣、油污等必须清除干净	观察检查	部件抽查10%，但不少于3件。支、吊、托架按抽查管段检查
	2	防腐与油漆	涂料的品种及涂层遍数、标记必须符合设计要求，如设计无要求，则必须符合相关规定	检查涂料牌号、合格证、施工记录，以及观察检查	
基本项目	1	漆膜	漆膜附着牢固，且光滑均匀、颜色一致，无漏涂、剥落、起泡、皱纹、掺杂、透锈等缺陷	观察检查	
	2	部件油漆	油漆后各活动部件保持灵活、松紧适度；阀门启闭标记明确、清晰、美观	扳动和观察检查	
	3	支、吊、托架的防腐与油漆	防腐处理及颜色符合设计要求，色泽一致，无漏涂；不污染管道、设备及支撑面	观察检查	

（4）风管漏光检测

1）采用漏光法检测系统，低压系统风管每 10m 接缝漏光点不得超过 2 处，且 100m 接缝平均不大于 16 处；对中压风管每 10m 接缝漏光点不得超过 1 处，且 100m 接缝平均不大于 8 处为合格。

2）通风工程风管在安装完成后，采用漏光法对风管严密程度进行检测，抽检率为 5%。

3）可采用 100W 带保护罩的低压照明灯作漏光检测的光源。白天检测时，光源置于风管外侧；晚上检测时，光源置于风管内侧。

4）检测光源沿被检测部位与接缝作缓慢移动，在另一侧进行观察，当发现有光线射出，则说明查到明显漏风部位，并做好记录。

5）漏光检测中如发现条缝形漏光，则需视不同的漏光部位分别进行处理。如是法兰处，则用拧紧螺栓、更换密封垫方法；如是咬缝处，则用密封胶密封等方法。如咬缝漏光严重，则重新制作安装该段风管，并重新作漏光测试。

6. 消声器安装质量安全管理

按照《城市区域环境噪声标准》要求，为了把环控设备产生的噪声控制在一定范围之内，特通过风机出室外（两）端安装消声器来进行消声处理。

（1）管式消声器和消声弯头安装：单独设置支吊架，其重量不得由风管承受；消声器安装的位置、方向要正确，与风管的连接严密，不得有损坏与受潮（图 10-5）。

（2）消声器安装还应符合表 10-3 的要求。

7. 水管及部件安装质量安全管理

（1）管子、部件、焊接材料型号、规格、质量必须符合设计要求和有关规范的规定。

（2）阀门型号、规格和强度、严密性试验及需作解体检验的阀门，必须符合设计要求和有关规范的规定。

图 10-5 消声器

消声器安装要求   表 10-3

项别		项目	质量标准	检验方法	检查数量
保证项目	1	消声器外壳	消声器的型号、尺寸必须符合设计要求，并标明"气流方向"	尺量和观察检查	全数检查
	2	消声器框架、隔板	消声器框架必须牢固，共振腔的隔板尺寸正确，隔板与壁板结合处紧贴，外壳严密、不漏	尺量和观察检查	
	3	消声片	消声片单体安装，固定端必须牢固，片距均匀。按设计要求安装活动消声片	手扳和观察检查	
	4	消声器安装	安装方向必须正确，并单独设置支、吊架	观察检查	
	5	消声器性能测试	检查通过该消声器传递到相关区域的噪声声级	开启相关风机，采用声级计测试噪声声级并作测试记录	全数检查

（3）焊缝表面及热影响区不得有裂纹；焊缝表面不得有气孔、夹渣等缺陷。

（4）管道、部件、附件、垫片和填料等的脱脂必须符合设计要求和有关规范的规定。

（5）焊缝的射线探伤和超声波探伤必须按设计要求和有关规范规定的数量检查。

（6）管道坡度符合设计要求和有关规范的规定；强度、严密性试压必须符合设计要求和有关规范的规定。

（7）支、吊、托架安装位置正确、平正、牢固，与管子接触紧密。滑动、导向和滚动支架的活动面与支承面接触良好，移动灵活。吊架的吊杆垂直。丝扣完整，有偏移量的符合规定。弹性支架的弹簧压缩度符合设计要求。

（8）阀门安装位置、方向正确，连接牢固、紧密，操作机构灵活、准确。有传动装置的阀门，指示器指示的位置正确，传动可靠，无卡涩现象。有特殊要求的阀门符合有关规定。

（9）铁锈、污垢清除干净。管道需涂的油料品种、颜色及遍数符合设计要求和有关规范的规定。油漆的颜色和光泽均匀，无漏涂，附着良好。

（10）水管及部件安装还应符合表10-4的要求。

水管及部件安装要求 表 10-4

项别		项目	质量标准	检验方法	检验数量
保证项目	1	管子、部件、焊接材料	型号、规格、质量必须符合设计要求和有关规范的规定	检查合格证、试验验收记录	按系统全部检查
	2	阀门	型号、规格和强度、严密性试验及需作解体检验的阀门，必须符合设计要求和有关规范的规定	检查合格证和逐个试验记录	
	3	焊缝	焊缝表面及热影响区不得有裂纹；焊缝表面不得有气孔、夹渣等缺陷	观察和用放大镜检查	
	4	脱脂	管道、部件、附件、垫片和填料等的脱脂必须符合设计要求和有关规范的规定	检查脱脂记录	
	5	焊缝探伤	焊缝的射线探伤和超声波探伤必须按设计要求和有关规范规定的数量检查	检查探伤记录。必要时可按规定检验焊口数抽查10%	
	6	焊缝机械性能检验	焊接接头的机械性能必须符合有关规范的规定	检查试验记录	
	7	弯管 表面	弯管表面不得有裂纹、分层和过烧等缺陷	观察检查	按系统抽查10%，但不得少于3件。
		探伤、热处理	需作无损探伤和热处理者，必须符合设计要求和有关规范的规定	检查探伤和热处理记录	按系统全部检查
	8	管道试压	强度、严密性试压必须符合设计要求和有关规范的规定	按系统检查分段试验记录	
	9	清洗、吹除	管道系统必须按设计要求和有关规范的规定进行清洗、吹除	检查清洗、吹除或试验记录	
基本项目	1	支、吊、托架安装	位置正确、平正、牢固，与管子接触紧密。滑动、导向和滚动支架的活动面与支承面接触良好，移动灵活。吊架的吊杆垂直。丝扣完整，有偏移量的符合规定。弹性支架的弹簧压缩度符合设计要求	用手拉动和观察检查弹簧压缩度；检查安装记录	按系统内支、吊、托架的件数各抽查10%，但均不少于3件
	2	法兰连接	对接紧密、平行、同轴，与管道中心垂直。螺栓受力均匀，并露出螺母2～3扣，垫片安装正确	用扳手拧试，观察和用尺量检查	按系统内法兰的类型各抽查10%，但均不少于3处

111

续表

项别		项目	质量标准	检验方法	检验数量
基本项目	3	管道坡度	符合设计要求和有关规范的规定	检查测量记录或用水准仪（水平尺）检查	按系统每50m直线管段抽查2段，不足50m抽查1段
	4	阀门安装	位置、方向正确。连接牢固、紧密，操作机构灵活、准确。有传动装置的阀门，指示器指示的位置正确，传动可靠，无卡涩现象。有特殊要求的阀门符合有关规定	观察和作启闭检查或检查调试记录	按系统内阀门的类型各抽查10%，但均不少于3个。电动阀门逐个检查
	5	除锈、防腐及油漆	铁锈、污垢清除干净。管道需涂的油料品种、颜色及遍数符合设计要求和有关规范的规定。油漆的颜色和光泽均匀，无漏涂，附着良好	观察检查	按系统每20m抽查1处

8. 保温质量安全管理（表10-5）

保温质量安全管理　　　　表10-5

项别		项目	质量标准	检验方法	检查数量
保证项目	1	保温材料	材质、规格及防火性能必须符合设计和防火要求	观察检查和检查材料合格证或作燃烧试验	按系统内水平、垂直管段检查。5段以内各抽查1段，5段以上各抽查2段。阀门抽查10%，但不少于2个
	2	接头处及易产生凝结水部位	水管、风管与空调设备的接头处，以及产生凝结水的部位，必须保温良好、严密、无缝隙	观察检查	
基本项目	1	用粘结材料粘贴的隔热层	粘贴牢固，拼缝用粘结材料填嵌饱满、密实。拼缝整齐，平整一致，纵向缝错开	观察和手拉动检查	
	2	卷材隔热层	紧贴表面、包扎牢固、松紧适度，卷材无外露，表面平整一致	观察检查	
	3	保温材料保护层	搭接顺水流方向，宽度适宜且均匀，接口平整，固定牢靠，外形美观	观察和尺量检查	
允许偏差项目	1	保温层表面平整度	卷材或板材：允许偏差5mm		
	2	保温层厚度 δ	允许偏差 $-0.05\delta \sim +0.10\delta$		

9. 检验与调试施工质量安全管理

（1）阀门阀件的试验

1）空调水系统阀门

112

电动阀门安装完成后系统通电前必须进行单体通电模拟动作试验。

2）风系统阀门

风阀安装前逐个检查合格证及性能规格参数，各个参数符合设计要求。阀门安装完成后，在系统通电前必须进行单体通电模拟动作试验。

防火阀安装前逐个检查合格证。阀门安装前逐个进行性能试验。阀门安装完成后，在系统通电前必须进行单体通电模拟动作试验。

（2）单机调试

1）单机调试前，风亭风道及区间隧道必须预先冲洗干净；

2）系统安装完毕，经检查符合工程质量验收评定标准的相应要求；

3）电气设备及其主回路检查测定无误。

（3）系统无负荷联合测定与调试

二、质量安全风险存在的问题

1. 质量风险（表 10-6）

质量风险   表 10-6

质量风险主要控制点	可能危害	控制措施
风管漏光、漏风量检测	浪费能源，结露，风量小于设计值	按规范要求严格检测
电线、电缆绝缘检测	短路、漏电、人身伤害	电缆敷设前作绝缘测试，送电前作绝缘测试，测试值大于 5MΩ
防雷、接地检测	设备损坏、人身伤害	配电柜订货审查浪涌保护器，接地干线检测小于 1Ω，防雷办检测通过
3C 产品认证	人身伤害	产品订货与到货检查证书
水压试验	漏水	控制填料的正确安装，沟槽连接需去除毛刺，防止损坏橡胶垫
设备安装	设备损坏、缩短设备使用寿命	精确找平找正，减振设备有活动余量，有限位措施
电磁兼容与屏蔽	影响信号传输，造成误动作	产品订货前审查电磁兼容性，不能影响预留低压系统接口功能，重要系统作屏蔽保护
产品防潮湿	产品生锈	材料库房设置除湿功能，选用加厚锌层产品，配电间送电前有临时除湿措施，其他区域增加通风机
隐蔽验收	返工	隐蔽前作自检、互检、专检
消防产品形式认证	影响验收，不能达到设计要求	产品订货、进货检验检查消防认证许可证书，调试过程检查性能与设计值核对应符合要求
噪声	影响办公	选用低噪声设备，重点区域增加声屏障
节能、消防产品检测	不节能，达不到防火等级	委托第三方检测
消防系统功能	达不到设计要求	第三方检测

2. 安全风险（参见第九章第三节）

三、质量安全风险监管的要点

通风空调系统质量安全风险，主要从材料的管理，配件制作过程的管理，各项规章制度的落实与执行，系统压力试验监管等方面进行重点监管。

1）材料的管理：电线、电缆绝缘检测监管，根据规范要求作绝缘测试；管道阀门强度、严密性试验监管。

2）配件制作过程的管理：风管漏光、漏风量检测监管。

3）各项规章制度的落实与执行：轨行区作业管理和起重机吊装、登高作业和临边防护安全监管。

4）系统压力试验管理：系统安装完毕后系统压力试验监管。

第二节　给水排水与消防系统

一、质量安全风险管理内容

1. 各类水泵安装质量安全管理

（1）一般要求

1）安装前核对基础定位尺寸及标高，其允许偏差符合规范要求。

2）水泵型号设计相符，动力机械与水泵功率匹配；产品合格证、产品说明书及随机配件齐全。

3）水泵安装前对其外表及组装件进行一次外观质量检查。

4）安装后，水泵泵体的底座要保持水平，且与基座接触严密，定位基准线符合要求，设备的平面位置及允许偏差符合相关规范的规定。

5）水泵的管口与管道连接严密，无渗漏水现象。

6）电机的绝缘电阻符合相关规范的规定。

7）所有泵类设备，在泵进出口未与管道连接前，泵进出口均要用钢板封堵。

（2）潜污泵

1）潜污泵安装前将水池内所有建筑垃圾清理干净，以免造成水泵堵塞。

2）潜污泵在池内潜入水中的深度符合设备技术规定及设计要求。

3）自动耦合装置中的两根导轨要垂直安装并保持互相平行。

4）自动耦合装置中的螺栓、螺母等所有连接件安装时要紧固。

5）水泵自动耦合装置就位前检查基础的地脚螺栓（或膨胀螺栓）的大小、材质，其垂直度满足安装要求，拧紧螺栓，扭力矩均匀，螺母、垫圈及底座间接触紧密。

6）潜污泵吊装后导向挂件上的两只挂耳以导管为中心均匀放置，防止偏向某一边而致使水泵倾斜或卡住而破坏密封性能。安装时可以反复提起再吊下，直到使水泵获得正确安装位置。

7）安装示意：

固定湿式安装：采用自动耦合系统，水泵沿导轨下滑到底座，与其进水口自动耦合并密封可靠，见图10-6、图10-7。

采用双导轨自动耦合装置，水泵沿导轨（起吊角度3°～5°）自动滑到底座上的安装位置，水泵出口与底座总成进口自动密封。

吊装水泵时，必须切断电源，确保安全；在吊装过程中加强对电缆的保护，严禁划破、划伤电缆。

8）试运转符合下列要求：

启动前必须确认叶轮的旋转方向。

合闸后，不能立即启动水泵，先通过控制系统对水泵进行自检，如发现有故障出现（电控柜上出现闪光报警或警报报警），则检查并排除故障，然后方可点动。

若电机不转，迅速果断地拉闸，检查并排除故障，以免损坏电机。

水泵启动后，注意观察电机及线路电压表和电流表，若有异常现象，要立即停机查明原因，排除障碍后方能重新合闸启动。

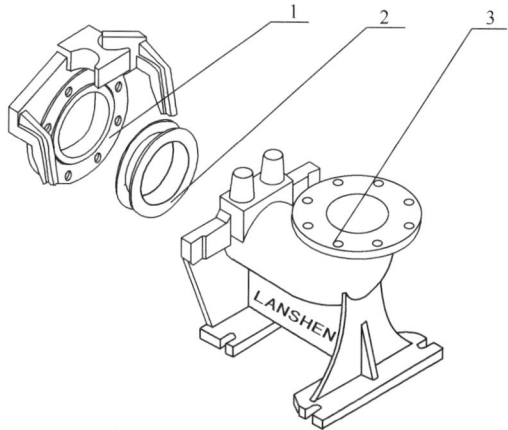

图 10-6　自动耦合系统底座总成示意图
1—支架；2—型面垫圈；3—底座

运行中电流监视：水泵的电流不得超过铭牌上的额定电流，三相电流不平衡度，空载时不超过 10%，额定负载时不超过 5%。

运行中电压监视：电源电压与额定电压的偏差不超过 ±5%，三相电压不平衡度不超过 1.5%。

（3）消防泵及稳压装置安装

1）消防泵及稳压泵的安装符合现行国家标准《机械设备安装工程施工及验收规范》的有关规定。

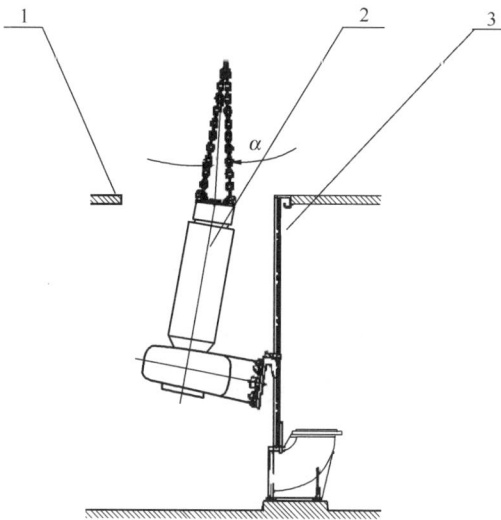

图 10-7　自动耦合装置吊装示意图
1—池口；2—水泵；3—导轨

2）消防泵及稳压泵的规格、型号符合设计要求，并有产品合格证和安装使用说明书。

3）消防泵的出水管上需安装静音止回阀（消声）、压力表及试水用的放水阀门。消防水泵泵组的总出水管上还需安装压力表和泄压阀。安装压力表时加缓冲装置。压力表和缓冲装置之间安装旋塞，压力表量程为工作压力的 2~2.5 倍。

4）吸水管及其附件的安装符合下列要求：

吸水管上的阀门在消防水泵固定于基础之后再进行安装，其直径不小于消防水泵吸水口直径，采用闸阀。吸水管水平管段上不得有气囊和漏气现象。

5）消防气压给水设备的气压罐，其容积气压、水位及工作压力需符合设计要求。

6）消防气压给水设备上的安全阀、压力表、水流指示器等的安装符合产品使用说明书的要求。

7）消防气压给水设备的安装位置，进水管及出水管方向符合设计要求，安装时其四周有检修通道，其宽度不小于0.7m，消防气压给水设备顶部至楼板或梁底的距离不宜小于1.0m。

8）气压罐的出水管上安装远传压力表（参考型号：YT2-150），压力表的量程为工作压力的1.5～2倍。

9）消防泵的稳压装置安装完毕后，进行运行试验，试验压力及泵的启、停压力须符合设计要求。

（4）消防立式泵安装

1）水泵基座表面平整，强度符合设计要求。

2）基座地脚螺栓埋设位置正确、牢固。

3）水泵基座与基座接触严密。

4）水泵的管口与管道连接严密，无渗漏现象。

5）压力表位置、高度、表盘轴向便于观察和维修。

6）水泵试运转符合下列要求：

①电机转动方向正确；

②水泵运转无卡阻现象和异常声音；

③水泵带负荷连续运转不得少于2h；

④仪表指示正确，水泵填料处滴水正常；

⑤检查轴承冷却水管、润滑水管是否接通；

⑥各密封部位无渗漏现象；

⑦滚动轴承温度不高于80℃，特殊轴承温度符合设备技术文件的规定；

⑧电动机电流不超过额定值；

⑨安全保护装置灵敏、可靠。

7）水泵运转程序符合厂家技术要求。

8）水泵吸水口安装滤网，滤网安装位置符合厂家出厂的技术要求。

2. 消防器材安装质量控制要点

（1）安装前核对设备型号与设计是否相符，产品合格证、产品说明书及随机配件是否齐全。

（2）箱体安装前进行外观质量检查，如发现有质量问题不得使用。

（3）箱体在安装过程中与装修紧密配合，不得损坏装修面，与装修面的接缝要整齐美观。

（4）消火栓箱安装牢固、平直，安装后的箱体上下角的水平位移不得超过2mm，消防水管进消火栓箱要"横平竖直"，不得斜进箱内。

（5）消火栓安装前作耐压强度试验。试验时每批（同牌号、同规格、同型号）数量中抽查10%，且不少于一个，如有漏、裂等不合格现象时再抽查20%，仍有不合格的则须逐个试验。强度和严密性试验压力为消火栓出厂规定的压力。同时要有试验记录备查。

（6）消火栓安装时位置要正确，启闭灵活，关闭严密；室内消火栓栓口垂直朝外，栓口中心距离装修完成面高度为 1.1m 或满足设计要求（图 10-8）。

图 10-8　消火栓的安装

（7）水泵接合器要保证与管道垂直安装，阀门的开启要灵活，各接头处无漏水现象。

3. 管道安装质量控制要点

（1）管子搬运及储存

1）注意事项

管子及管件采用吊带或专用工具起吊，装卸时轻装轻放，在倒运、运输时垫稳、垫牢，不得相互撞击（图 10-9）。

图 10-9　管子及管件起吊

2）运输工具

短距离运输可采用叉车、平板车；长距离运输要采用火车、汽车或轮船。

3）起吊工具

可使用起重机、叉车，在起吊时使用专用吊钩，专用吊钩是在钢钩外包橡胶皮或使用尼龙绳吊带、外包橡胶管的钢丝绳，达到保护管子内外涂层的目的。

4) 储存

所选择存放管子的场地要平整、坚实，所选用的垫木要结实，如储存的时间过长，要用帆布或编织布覆盖，避免管内落入灰尘或脏物。堆放的形式有金字塔和四方形。

（2）管子的检查与准备

1) 常规检查

管道及管件表面不得有裂纹，管道及管件不得有妨碍使用的凹凸不平的缺陷；承口内工作面和插口外工作面要光滑、轮廓清晰，不得有影响接口密封性的缺陷；管道及管件尺寸符合现行的国家标准和国际标准。

2) 校圆

管子在运输和搬运过程中，造成管子插口部分产生椭圆而影响安装。鉴于球铁管具有良好的弹性性能和可塑性能，采用液压或机械的方法，顶起内部，向外压或从管子外表面使用压力向内压，可将有稍许椭圆的插口校圆。

3) 一般要求以及准备工作

依据图纸进行现场放线，并进行地下管线以及地表障碍物的调查，防止盲目施工造成对原有设施的损坏。

核对综合管线图，如有问题要及时协调，避免碰撞。

给水排水管道所用管材、管道附件以及其他材料，均进行全面检查，不得有损坏和裂纹，管材必须符合设计标准及规范的要求，且有合格证和出厂检验报告。

4) 管沟及预埋件

沟槽开挖标高符合设计要求，不得超挖，如局部超挖则用相同土质的土填补，捣实至接近天然密实度，也可以用砂或者砂砾石填补整实。

基坑、沟槽底标高的允许偏差符合相关规范要求。

填土中的管沟、沟底管基，要满足设计铺管要求。

管道穿过基础、墙壁和楼板，要按设计要求预留孔洞。

管道安装前，必须清除内部污垢和杂物，安装中断或完毕的敞口处，临时封闭。

管道铺设前，对沟槽进行清理，不得有杂物，沟底要平整，并经验收后方可铺设。

5) 管道铺设要求

管道坐标以及标高允许偏差符合规范要求。

明装钢管成排安装时，直线部分要互相平行。曲线部分，当管道水平或垂直平行时，能与直线部分保持等距，管道水平上下并行时，曲率半径要相等。

钢管水平安装的支架间距，不得大于规范或设计图中的规定。

给水立管管卡安装，层高小于或等于5m时，每层须安装1个，层高大于5m时，每层不得少于2个。管卡安装高度，距地面为1.5~1.8m，2个以上管卡可匀称安装。

弯曲钢管、弯曲半径符合相关规范的规定。

水平管道纵横方向弯曲、立管垂直度、成排管段和成排阀门安装允许偏差符合施工规范要求。

各种管道接口符合设计要求，连接平整、严密牢固。

管道铺设后，先回填管道两侧以及管顶0.5m的土，管口部分不填，当水压试验合格后方可全部回填。回填土分层整实，密实度达到85％以上。

管道的坡度符合设计及施工规范要求。

管道螺纹连接时保证螺纹无断丝；镀锌钢管和配件的镀锌层无破损，螺纹露出部分防腐蚀良好，接口处无外露油麻等缺陷。

管道的焊接要能保证焊口平直度、焊缝加强面符合施工规范规定，焊波均匀一致，焊缝表面无结瘤、夹渣和气孔。

4. 附属设备及材料安装质量安全管理

（1）阀门、管件

阀门、管件等在安装前均要进行检查，并清除管内、管口杂物。

阀门安装前，作耐压强度试验。试验时每批（同牌号、同规格、同型号）数量中抽查10％，且不少于一个，如有漏、裂不合格的再抽查20％，仍有不合格的则须逐个试验。对于安装在主干管上起切断作用的闭路阀门，逐个作强度和严密性试验。强度和严密性试验压力为阀门出厂规定的压力，同时要有试验记录备查。

阀门安装位置、方向符合设计要求，阀门、管件的连接要牢固、紧密，不得有渗漏现象。安装后，阀门与管道中心线垂直，操作机构灵活、准确；有传动装置的阀门，指示机构指示的位置正确，传动可靠，无卡涩现象。

阀门安装要保证其型号、规格符合设计要求，表面洁净，朝向正确，启闭灵活。

管件表面不得有裂纹、重皮和麻面。

安装的阀门在工程最终验收前不得有漏水痕迹。

（2）压力表

压力表及表盘在安装前按设计要求核对其型号、规格，并检查产品合格证及说明书是否齐全。

压力表安装位置正确、牢固、严密不漏。安装前均按规定逐个校验，做好铅封后方可安装。

（3）支、吊架

管道支、吊、托架的间距及形式要能满足施工图及相关规范的要求。

管道支、吊、托架的位置正确、埋设平整牢固。

管道支、吊、托架与管道接触紧密、固定牢靠。

固定在建筑结构上的管道支、吊架，不得影响结构安全。

（4）卫生器具配件安装

1）卫生器具的连接管，搣弯要均匀一致，不得有凹凸等缺陷。

2）卫生器具及给水配件安装：安装高度符合设计要求，安装标高的允许偏差值符合施工规范要求。

3）连接卫生器具的排水管管径和最小坡度符合设计要求。

4）质量标准：

卫生器具排水的排出口与排水管承口的连接必须严密不漏。

卫生器具的排水管径和坡度，必须符合设计要求和施工规范规定。

排水栓、地漏的安装要平正、牢固、无渗漏。排水栓要低于盆、槽层表面2mm，低于地表面5mm，地漏低于安装处排水表面5mm。

卫生器具给水配件的安装还应符合以下规定：

镀铬件完好、无损伤，接口严密；启闭部分灵活，安装端正，表面洁净，无外露油麻。

（5）管道支、吊、托架制作安装

所有支、吊、托架（不含区间）均参照"全国通用给水排水标准图集合订本（1999年）"第338～392页的固定方法施工。

（6）保温、防腐及其他

风道内及地面明露循环水补水管及车站内的生活给水管设防结露保温措施。

给水排水及水消防系统所有压力管外壁涂色环并喷涂相应的文字，涂色及喷涂文字要求符合设计规定及《工业管道的基本识别色、识别符号和安全标识》GB 7231－2003要求。

5. 检验与调试质量安全管理

（1）给水排水及水消防系统调试

给水排水及水消防系统调试包括单体设备的测试和各系统的调试两部分。

（2）水泵调试

水泵安装完毕后，根据相关规定进行调试及试运转前的检查及试运转，并作记录；试运转还应符合下列规定：

1）电机转动方向正确。

2）水泵运转无卡阻现象和异常声响。

3）水泵带负荷连续运转不少于2h。

4）附属系统的运转正常；管道连接牢固、无渗漏。

5）各密封部位无渗漏水现象。

6）滚动轴承温度不高于70℃，特殊轴承温度符合设备技术文件的规定。

7）电机电流不超过额定值。

8）安全保护和电控装置及各部分仪表均灵敏、正确、可靠。

（3）管道检验

1）坐标、标高和坡度的正确性。

2）连接点或接口的严密性。

3）卫生器具配件和各类支架、挡墩、安装的牢固性。

4）给水排水及水消防系统的通水能力。

5）室内给水系统，按设计要求同时开放的最大数量的配水点是否全部达到额定流量，消火栓能否满足组数的最大消防能力。

6）室内排水系统，按给水系统的配水点同时开放，检查各排水点是否畅通，接口处有无渗漏。

7）防腐层构造形式和包裹后的种类。

8）仪表的灵敏度和阀类启闭的灵活性。

9）消火栓阀门位置及启闭、密封。

10）排水系统水泵设备运转性能。

（4）管道压力试验、管道消毒和冲洗

1）压力管路安装完毕后，要进行水压试验，压力管路水压试验压力值要满足设计要求。重力排水管道安装完毕后进行灌水试验。

2）隧道内消防及承压排水管在试验压力下，稳压 30min，压降不大于 0.05MPa，且无渗漏水现象即为合格；车站内及室外承压管道在试验压力下，先稳压 10min，压降不大于 0.05MPa，然后降至工作压力进行严密性试验，满足规范要求即为合格。

3）给水管道在压力试验合格后、验收交接前，先进行通水冲洗，冲洗流量不能小于设计流量或不小于 1.5m/s 流速，出口的色度经目测与入口基本一致为合格。

4）给水管道冲洗后用每升含 20～30mg 游离氯的水在管道中留置 24h 以上进行消毒，消毒后用生活饮用水进行冲洗。

二、质量安全风险存在的问题

1. 质量风险（参见表 10-6）

2. 安全风险（见第九章第三节）

三、质量安全风险监管的要点

给水排水与消防系统系统质量安全风险，主要从材料的管理，管道、设备安装的管理，各项规章制度的落实与执行，以及系统压力试验等方面进行重点监管。

1）材料的管理：电线、电缆绝缘检测监管，根据规范要求作绝缘测试；管道阀门强度、严密性试验监管。

2）管道、设备安装过程的管理：暗管敷设等隐蔽工程验收和水泵等设备安装质量监管。

3）各项规章制度的落实与执行：轨行区消防管线安装（包括补偿器安装）质量管理及安全作业管理监管。

4）系统压力试验管理：包括系统压力试验专项方案的审批，专项方案交底，安全员监督执行以及压力试验操作管理。

第三节　低压动力照明系统

一、质量安全监督管理内容

1. 低压配电柜的安装质量安全管理

（1）一般要求

低压配电柜包括成套开关柜（环控柜）应急照明电源装置（EPS），必须符合《地下铁道工程施工及验收规范》GB 50299—1999 第 17.1、17.2 条、《电气装置安装工程施工及验收规范》中的《电气装置安装工程低压电器施工及验收规范》GB 50254—2014 以及《低压配电设计规范》第三章等国家现行技术标准。低压配电柜安装包括设备运输及保险、开箱检查、安装、电器、仪表及继电器等附件的拆装、送交试验、整理及校线、配线调试、基础制作安装、母排连接、接地排的电缆连接、密集母线安装、从桥架到柜体的金属线槽敷设等工作。

（2）注意事项

1）盘面器件标注颜色正确、清晰，内部设备元件齐全完整，每个元件必须有铭牌和产品合格证。一次结线标注回路名称。

2）基础型钢要可靠接地，盘柜的接地牢固良好。装有电器的可开启的盘、柜门与软导线与接地的金属构架可靠地连接。

3）配电柜柜体的基础型钢要平直（图 10-10），并符合下列要求：

图 10-10　配电柜柜体的基础型钢

① 允许偏差符合表 10-7 的规定。

配电柜柜体的允许偏差　　　　　　　　　　　　　　　表 10-7

项目	允许偏差	
（mm/m）	（mm/全长）	
不直度	＜1	＜5
不平度	＜1	＜5
位置误差及不平行度	＜5	

注：环形布置按设计要求。

② 基础型钢安装后，其顶部宜高出抹平面 10mm；手车式成套柜按产品技术要求执行。基础型钢要有明显的可靠接地。

③ 配电柜（箱）的上方不能敷设管道，柜底座周围采取封闭措施，并能防止鼠、蛇等小动物进入柜内。

④ 1000V 及以下的交、直流母线及分支线，其不同相或极的裸露载流部分之间及裸露载流部分与未经绝缘的金属之间的电器间隙不小于 12mm，漏电距离不小于 20mm。400V 及以下的二次回路的带电体之间或带电体与接地间的电器间隙不小于 4mm，漏电距离不小于 6mm。

⑤ 二次回路接线必须按设计图施工，接线正确，连接可靠，电缆芯线和所配导线的端部均标明其回路编号，导线绝缘良好，不能有接头，盘内配线截面符合设计要求，敷设时有合适的裕量。

⑥ 引进柜内的控制电缆要排列整齐，避免交叉，电缆型号、规格符合设计要求。电缆固定牢靠，不得使所接的端子排受到机械应力。电缆头一般宜固定于最低端子排 150〜

200mm 处。电缆按设计编号要求挂牌。

⑦ 所有二次回路要经通断检查、耐压试验及模拟试验合格后，方可正式投入使用。

⑧ 盘、柜安装在振动场所时，按设计要求采取防振措施。

⑨ 盘、柜及盘、柜内设备与各构件间连接牢固。主控制盘、继电保护盘和自动装置盘等不能与基础型钢焊死。

⑩ 盘、柜单独或成列安装时，其垂直度、水平偏差及盘、柜面偏差和盘、柜间接缝的允许偏差符合表 10-8 的要求。

盘、柜安装时的允许偏差　　　　　　　　　　　　　　　　表 10-8

项目		允许偏差（mm）
垂直度		<1.5
水平偏差	相邻两盘顶部	<2
	成列盘顶部	<5
盘面偏差	相邻两盘边	<1
	盘面	<5
盘间接缝		<2

⑪ 端子箱要安装牢固，封闭良好，并能防潮、防尘。安装的位置要便于检查；成列安装时需排列整齐。

⑫ 盘、柜、台、箱的接地要牢固良好。装有电器的可开启的门，用裸铜软线与接地的金属构架可靠地连接。成套柜装有供检修用的接地装置。

⑬ 盘、柜漆层完整、无损伤。固定电器的支架等要刷漆。安装于同一室内且经常监视的盘、柜，其盘面颜色宜和谐一致。

⑭ 盘柜安装就位时，利用机械搬运，以减少柜体底部的磨损和对设备房屋的损坏。

⑮ 柜体与基础槽钢的连接要稳固。

⑯ 盘柜间模拟线要对齐，不能超过视差范围，盘柜面上的标识要牢固。

⑰ 有绝缘要求的开关柜在安装时要满足绝缘要求，以防止杂散电流的腐蚀。

2. 电箱的安装质量安全管理

（1）配电箱的安装执行《建筑电气工程施工质量验收规范》GB 50303—2002 等标准。

（2）配电箱安装符合以下规定：动力配电箱除落地式外，在设备房内采用明装，安装高度为配电箱底边距地 1.4m。要求安装位置正确，定位牢靠，部件齐全，箱体尺寸符合要求、箱体开孔合适，切口整齐。暗式配电箱箱盖紧贴墙面，零线经汇流排连接，无铰接现象，油漆完整，箱内外清洁，箱面标牌正确，箱盖开关灵活，器件、回路编号齐全，端子排接线整齐，PE 线安装明显牢固。

（3）配电箱全部电器及其相关回路安装完毕后，先用万用表检测线路通断，再用 500V 兆欧表对线路进行绝缘测量。项目包括相线与相线之间，相线与零线之间，相线与地线之间，零线与地线之间，绝缘电阻大于 0.5MΩ，并做好记录。

（4）通风空调电控室 0.4kV 柜安装与基础槽钢的连接用螺栓固定，废水泵、消防泵动力箱安装高于抹平面 200mm 的基础槽钢上。

（5）动力箱、配电箱、电控箱（柜）的金属外壳的接地另一端与低压柜的接地线相连接。

3. 电缆线路敷设质量安全管理

（1）电缆线路敷设执行《电气装置工程电缆线路施工及验收规范》GB 50168—2006，电缆的规格型号、电缆支架的安装和电缆敷设符合设计文件的规定

1）电缆敷设前先检查电缆支架、桥架、吊架、托架等预埋件是否牢固，预留孔、洞、槽是否正确，电缆夹层、沟、隧道、电缆井有无杂物和积水，附设路径是否畅通，电缆滚动前，再检查电缆盘是否牢固，顺着电缆盘上的箭头指示或电缆缠紧方向滚动，在穿过站台板、轨道、建筑物时作穿管防护，防护管内径大于电缆外径的 1.5 倍（图 10-11）。

图 10-11　电缆敷设

2）电缆敷设前按设计要求测量路径，按配盘核对电缆型号、规格、电压等级，测量绝缘，1kV 以上电缆作耐压试验。

3）电缆敷设时电缆先从盘的上部引出，不能使电缆在桥架、支架和地面进行拖拉摩擦。电缆上不能出现铠装压扁、电缆绞拧和护层折裂等未消除的机械损伤现象，敷设后按设计要求排列整齐、无交叉，在终端和接头处附近预留备用长度。

4）电缆敷设宜采用人工敷设，如采用机械敷设，其敷设速度不能超过 15m/min。

5）电缆爬升、转弯，进行电缆支架、进柜前刚性固定。

6）区间电缆每个悬挂点处固定。

7）电缆标牌字迹清晰、准确，标牌规格统一，挂装牢固。电缆挂牌采用热转印方式，材料为硬质 PVC。

8）电缆进出构筑物时穿套管（PVC）保护。

（2）电缆在支架上敷设

1）电缆在站台板下、区间隧道、地上区间敷设时，水平距离同级电压电缆为 35mm。1kV 以下电缆与照明导线间为 150 mm。

2）电缆支架的制作遵循设计图纸及国家的有关规定和标准。电缆支架类型统一，空间考虑适当预留。电缆支架安装牢固、横平竖直，防腐层完好。支架层间的垂直净距、支架至沟顶、楼板或沟底的距离须符合要求。

3）紧固件抗震、耐腐蚀，对基材破坏小。

4）单芯交流电缆的保护管及固定夹具或绑扎物不得构成闭合磁路。

5）电缆桥架及其连接附件的质量符合国家现行的有关技术标准。

6）电缆敷设完毕后对电缆路径上的沟、槽、管、洞进行封堵。

7）预留设备开孔封堵。

8）电缆井施工完毕后进行封堵。

9）封堵材料要满足防火及防鼠要求。

10）当电缆沟内两侧有支架时，低压电缆及控制电缆与高压电缆分别敷设在不同的支架上。

（3）电缆各支撑点间距需符合规范要求

（4）电缆在桥架上敷设

1）桥架上电缆的敷设：桥架产品经国家桥架专业质量检测机构检测与认证。其结构满足强度、刚度及稳定性要求，符合生产厂给出的允许荷载要求。

2）立柱和托臂所用材料要平直，无显著扭曲，全部配件进行防腐处理。桥架安装牢固，保证横平竖直。在有坡度的建筑物上安装时，与建筑物有相同坡度。电缆桥架水平敷设时，负荷曲线选取最佳跨距进行支撑，跨距一般为 1.5～3m。垂直敷设时，其固定点间距不宜大于 2m。

3）金属制桥架系统要有可靠的电气连接并接地。托盘至少有一点与接地干线可靠连接，托盘的直线段超过 30m（钢制）长度时，留 20mm 的伸缩缝。

4）电缆桥架内每根电缆每隔 50m 处，电缆的首端、尾端及转弯处设标记，注明电缆编号、型号、规格、起点和终点。

5）强电与弱电线路在同一竖井内敷设时，分别在竖井的两侧敷设或采取隔离措施。

6）桥架距离地面的高度，不宜低于 2.5m（在专用电缆道内除外）。

7）电缆桥架遇伸缩缝时须配置伸缩板进行补偿处理。

8）电缆桥架安装时与环控专业密切配合，电缆桥架与风管走向途径发生矛盾时及时进行调整。

9）电缆桥架采用 40×4 镀锌扁钢作接地干线，并沿桥架敷设，桥架与桥架间采用 TZX-2-4 铜编织线连接，桥架每隔 10m 采用 TZX-2-16 铜编织线层间相连后与接地干线连接。

10）穿越墙体、楼板的桥架，在穿越处不安排接口。

11）电缆桥架全长均有良好的接地。

12）电缆的各项测试要有记录，并符合有关技术指标的要求。

（5）电缆在管道内敷设

1）从桥架、支架引至设备、墙外表面或屋内行人容易接近处和其他可能受到机械损伤的地方，电缆要有一定机械强度的保护管保护，水泵房出线及部分风机电缆采用穿镀锌钢管敷设方式。

2）管道要求：管口光滑，内部无积水且无杂物堵塞。穿电缆时，不得损伤保护层，可采用无腐蚀性的润滑剂（粉），保证管道表面的防腐层完好。

3）电缆管长度在 30m 以下时，管内径不得小于电缆外径的 1.5 倍。

4）不同回路、不同电压等级和交流与直流的电线，不能穿在同一导管内，同一交流回路的电线穿于同一金属导管内时不得有接头。

（6）电缆头与电缆连接的要求

1）电缆终端头与电缆接头的制作：严格遵守制作工艺规程，电缆终端头按设计安装在指定位置，带电部分对地净距离满足室内配电装置最小安全净距的要求。并牢固地固定在支架或框架上。

2）电力电缆的终端头、接头的外壳与该处的电缆金属护套良好接地。接地线采用铜绞线，截面不小于 $10mm^2$（$10mm^2$ 以下的低压电缆的接地线截面可适当减小，但不宜小于 $4mm^2$）。

3）电缆芯线连接时，其连接管和线鼻子的规格与线芯规格相符。

4）控制电缆终端头可采用塑料电缆端头套管方式，电缆接头要有防潮措施。

5）电缆的试验与检查：电缆敷设前必须进行绝缘电阻试验，1kV 以下的电缆使用 1kV 兆欧表测量绝缘电阻值。

6）电缆线路的相位相序与电网相符。用三节一号干电池及一块零值在中央的 ±5V 直流电压表组成核相器校核电缆相位或用相位表测量。

4．室内管线敷设质量安全管理

（1）配电线路的一般要求

1）配线规格、型号及敷设方式符合设计要求，配线起点、终端按设计回路编号挂牌。

2）配线与通风、给水排水管等之间的最小距离：穿管配线平行为 100mm，交叉为 50mm，绝缘导线明配平行为 200mm，交叉为 100mm。

3）配线工程的支持件固定牢靠，线路在经过建筑物的伸缩缝及沉降缝处有补偿装置，在跨越处的两侧将导线固定，并留有适当裕量。

4）电缆管线穿越站厅、站台、风道、风室时，其孔洞采用防火材料封堵。

（2）室内配管的一般要求

1）敷设于多尘和潮湿场所的电线管路、管口、管子连接处均作密封处理。

2）埋入墙或混凝土内的管子，离表面的净距不得小于 15mm。

3）进入落地式配电箱的电线管路，要排列整齐，管口高出基础面不小于 50mm。

4）电线管路弯曲半径：明暗配时均不得小于管外径的 6 倍；当埋设于地下或混凝土楼板内时，不得小于管外径 10 倍。

5）电线管路中间加装接线盒，符合国标《电气装置安装工程施工及验收规范》GB 50258—1996，第 21.7 条的规定。在 TN-S 系统中，金属电线管和金属盒（箱）必须与保护地线（PE 线）有可靠的电气连接。

（3）钢管敷设的一般要求

1）明配于潮湿场所和埋入地下的钢管均使用镀锌厚壁钢管。

2）明配钢管要排列整齐，固定点的距离要均匀，间距符合规定要求。

3）钢管进入灯头盒、开关盒、拉线盒、接线盒及配电箱时，管口露出盒（箱）要小于 5mm。明配管锁螺母或护圈帽固定，露出锁紧螺母的丝口为 2～4 扣。

4）钢管与设备连接时，将钢管敷设至设备内，当不能直接进入时，则在钢管出口处加保护软管引入设备，金属软管长度不宜大于 2m，管口包扎严密。

5）在建筑物的顶棚内，必须采用金属管、金属线槽布线，吊顶内金属软管长度不得大于 0.8m。

6）当电线保护管遇下列情况之一时，中间增设接线盒或拉线盒，且接线盒或拉线盒位置便于穿线：

① 管长度每超过 30m 无弯曲；

② 管长度每超过 20m 有 1 个弯曲；

③ 管长度每超过 15m 有 2 个弯曲；

④ 管长度每超过 8m 有 3 个弯曲。

7）镀锌钢管或可挠性金属电线保护管的跨接地线采用专用接地线卡跨接，不得采用熔焊连接。

8）钢管不得有折扁和裂缝，管内无铁屑及毛刺，切口平整、管口光滑。

（4）阻燃硬塑料管敷设

1）硬塑料管沿建筑物表面敷设时在直线段上每隔 30m 装设补偿装置。

2）明配的硬塑料管在穿过楼板而受机械损伤的地方要有钢管保护，其保护高度距楼板面不得小于 500mm。明配塑料管须排列整齐，固定点的距离均匀且符合规定要求。

3）塑料管直线超过 15m 或直角弯超过 3 个时，需设接线盒。

（5）管内穿线

1）穿在管内绝缘导线的额定电压不宜低于 500V。导线按设计技术标准采用铜芯阻燃（或阻燃耐火）电线。

2）不同回路的导线，不能穿于同一根管子内。但对同类照明的回路，在满足管内足够空间的前提下，导线总数不多于 8 根时，允许穿于同一根管内。

3）导线在管内不得有接头和扭结，其接头在接线盒内连接。

4）导线穿入钢管后，在导线出口处有护线套保护导线。

5. 室内照明及配电质量安全管理

（1）灯具安装的一般要求

1）灯具的型号、规格及安装形式、高度符合设计要求，照明灯具金属外壳均需接地。

2）同一室内成排灯具安装整齐，其中心偏差不得大于 5mm。

3）应急照明灯具要有特殊标志，疏散指示标志标明走行方向。

4）在变电所内，高压、低压配电设备的正上方，不能安装灯具。

5）EC24V 照明变压器，电源侧有短路保护，其开关的额定电流不得大于变压器的额定电流，变压器外壳、铁芯均要接地。

6）当吊灯（如装修要求）、灯具重量大于 3kg 时，采用预埋吊钩或螺栓固定，当软线吊灯具质量大于 1kg 时则增加吊链。

7）灯具不得直接安装在可燃物件上，当灯具表面高温部位靠近可燃物时，采取隔垫、散热措施。

8）疏散指示灯具的标识方向符合建筑物设计布置的疏散方向，应急照明和灯光疏散标志，设玻璃或其他不燃材料保护罩。

9）灯具安装时与环控专业密切配合，灯具位置不能与风口位置相碰撞。

（2）嵌入顶棚内的装饰灯具安装的要求

1）灯具要固定在专设的框架上，电源线不能贴近灯具外壳，灯线留有余量，固定灯罩的边框边缘紧贴在顶棚面上。

2）矩形灯具的边缘与顶棚面的装修直线平行，如灯具对称安装时，其纵横中心轴线要在同一条直线上，偏斜不得大于 5mm。

3）日光灯管组合的开启式灯具，灯管整齐排列，其金属间隔片不得有弯曲扭斜等。

4）与嵌入式灯具连接的金属软管，其末端的固定管卡，宜安装在自灯具、器具边缘起沿软管长度 1m 处。

5）固定花灯的吊钩，其圆钢直径不得小于灯具吊挂销钉的直径，且不得小于 6mm。

6）采用钢管作灯具吊杆时，钢管的内径不得小于 10mm，钢管壁厚度不得小于 1.5mm。

（3）插座及开关的安装

1）插座及开关的型号、规格、安装高度符合设计要求。并列安装的相同型号的面板距地面高度误差不得大于 1mm，同一房间安装的相同型号的面板距地面高度误差不得大于 5mm。插座接线时，单相双孔插座，面对插座的右孔接相线，左孔接零线。单相三孔及三相四孔（五孔）的接地或接零线均在上方，盖面端正。暗插座、暗开关的盖板紧贴墙面，四周无缝隙。

2）交、直流或不同电压的插座安装在同一场所时，要有明显区别，且其插头与插座不能互相插入；同一场所的三相插座，其接线的相位必须一致。

3）同一场所的开关要安装一致，且操作灵活，接点接触可靠，一般开关为上合下分，切断位置一致。安装高度符合设计要求。

4）电器、灯具的相线经开关控制。灯具安装符合规定，位置正确。

5）管理用房内插座按 100W 计，清扫插座按 2kW 计，插座距地 0.3m。

插座及接线盒必须通过 CCC 认证。

6. 接地装置安装质量安全管理

（1）电力工程中电机、变压器及其他电气的金属外壳和底座，互感器的二次线圈及底座，盘和柜的框架，电力电缆接线盒、终端盒的金属外壳和电缆的金属护层、穿线的钢管电缆桥架、支架等部分结构均要按设计要求接地。

（2）接地线的敷设，沿墙壁水平敷设时离地面保持 250～300mm 的距离，离墙面有 10～15mm 的间隙，接地线的支持件间的距离，水平直线部分不得大于 1.5m，垂直部分不得大于 2m，转弯部分为 0.5m。穿墙壁时要有钢管或其他坚固的保护套。接地试验端子的安装位置、数量符合检修要求。

（3）接地干线在不同的两点及以上与接地网相连接。

（4）每个电气装置的接地以单独的接地线与接地干线相连接，不得在一个接地线中串接几个需要接地的电气装置。

（5）接地线的连接采用焊接，焊接必须牢固，无虚焊。接地体（铜或扁钢）的焊接采用放热式焊接方法，焊接后要采取防腐措施，其焊接长度必须符合规定。接至电气设备上的接地线用镀锌螺栓连接。

（6）低压柜、电源柜的基础型钢与结构钢筋进行电气隔离。柜体非带电金属部分也要接地。

（7）接地电缆、接地线、接地扁钢不能用作其他用途。

（8）接地线及其连接要保证牢固、可靠、安全、接触良好。

（9）设备接地连接要牢固、可靠，并采取防腐措施。

（10）设备基础框架与接地扁钢焊接。

（11）设备连续布置时，基础预埋件要焊接成连续整体，然后与接地扁钢牢固焊接。

（12）交流电气设备盘柜的金属外壳框架接地要满足设计图和国家现行标准和规范的要求。

（13）直流电气设备的金属外壳框架不能直接接地，其接地处理需严格按照设计图的要求进行。

（14）设备的外壳与设备的本体连接成一体，通过接地电缆与接地母排相连。

（15）电缆桥架和支架按照设计和国家现行有关标准要求进行接地。

7. 设备安装检验及通电试运行质量安全管理

（1）设备投运前的检查

1）设备房及公共区建筑装修顶棚、地面、墙面工程全部结束，设备投运前周围的工作环境符合要求。

2）盘柜屏箱（盒）等设备、电缆管位置、尺寸、质量符合设计及规范要求，本体安装检查结束，附属系统安装完毕。

3）盘柜屏箱（盒）等设备标识齐全，接线相位正确，编号齐全，固定牢固，连接紧密。

4）盘、柜、箱的固定及接地可靠，漆层完好，清洁整齐。

5）内部所装电器元件要齐全完好，安装位置正确，固定牢固。一、二次电缆在柜内布置整齐，有明显的标牌，在柜外有必要的预留长度。

6）所有二次回路接线准确，连接可靠，标志齐全清晰，绝缘符合要求。

7）抽屉式开关柜在推入或拉出时要灵活，机械联锁可靠；照明装置齐全。

8）柜内一次设备的安装质量验收要求符合国家现行有关标准规范的规定。

9）盘、柜及电缆管道安装完后，做好封堵。

（2）测试数据

检查测试数据，记录应正确、无遗漏、单系统调试及无负荷试验情况良好。

（3）通电试运行

1）完成合同和施工设计图纸或设计变更文件规定的内容。

2）编制通电试运行计划或方案或作业指导书，并经各方审批同意。

3）所有电气交接试验已完成，并取得书面报告，报告结论为合格。

4）包括消防设施在内的安全防范措施已落实到位，并制订了防范用的应急预案。

5）参与通电试运行的人员已经确定，并经组织分工，试运行前安全交底和技术交底已经完成。

6）按工程所在地供电管理部门的规定，高低配电经供电管理部门检查符合要求，结论为可以受电。

二、质量安全风险存在的问题

1. 质量风险（参见表 10-6）

2. 安全风险（参见第九章第三节）

三、质量安全风险监管的要点

低压动力照明系统质量安全风险，主要从配管、配线的管理，接地装置的管理和设备安装检验、通电试运行质量安全管理等方面进行重点监管。

1）配管、配线的管理：包括暗配管、明配电线保护管以及管内穿线、线槽配线和电缆敷设监管。

2）接地装置的管理：包括电器金属外壳、基础底座、电缆桥架、支架接地的管理；接地线的敷设和连接质量等的管理。

3）设备安装检验、通电试运行质量安全管理：包括设备投运前检查、测试数据检查、电气交接试验完成情况以及通电试运行安全防范措施、组织分工、各项安全技术交底落实情况等的监管。

第四节 供 电 系 统

一、质量安全风险管理内容

1. 变电所施工控制要点

（1）变电所的施工工序

变电所的施工工序中，其中设备基础预埋件安装和变电所接地施工是特殊工序，设备基础预埋件安装是隐蔽工程，在监理工程师验收合格后方可通知装修承包商进行装修层的浇制，变电所接地施工包含在变电所的各个施工工序中，保证各个工序中的接地施工良好是变电所运行安全的重要保证（图 10-12）。

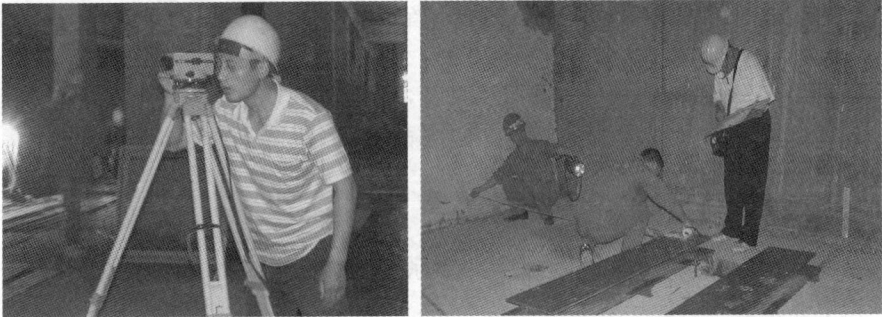

图 10-12　变电所的施工

1）技术要求

电缆桥架安装位置正确，同一层托臂要安装在同一平面上，相邻托臂高低偏差不大于 5mm。

立柱间距均匀，排列整齐。立柱的垂直偏差不大于 5mm。

电缆桥架接地扁钢敷设正确，连接可靠，接头焊接处应及时进行防腐处理。

接地扁钢至少两处与夹层接地母排连接。

2）接地安装

接地线应安装在桥架立柱上，在立柱的下部距地面 300mm 处敷设接地扁钢，接地扁钢与桥架立柱用螺栓连接固定。

扁钢与扁钢搭接处采用焊接，扁钢与立柱连接完成后设两处与接地母排连接。

桥架安装结束后及时填写安装技术记录。

3）安全注意事项

电缆夹层施工时应保证有足够的照明设施。

在电缆夹层中进行电焊作业时，要有排风的设备和措施。

在夹层内施工设备孔洞处应设防护以防设备层坠物伤人。

在夹层内施工动火应办理动火证，施工现场应配备灭火器材。

（3）变压器安装

1）根据报批的施工方案，准备工具材料，对所用的各种工具应进行检查试验，变电所施工道路的清理和修整，如遇夜间施工应准备施工照明工具、施工防护用具。

变压器在运输到设备房后就直接运输到位，为不破坏装修地面，变压器在进入设备房时考虑安装滑行轨（图 10-13）。

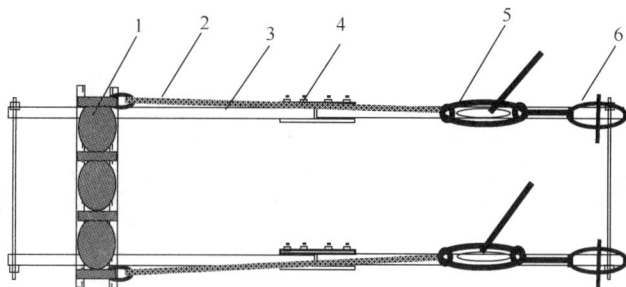

图 10-13　滑行轨

1—变压器；2—钢丝绳；3—钢轨；4—鱼尾板；5—捯链；6—U 形环

2）检查变压器外观有无损伤、连接是否松动、绝缘层是否损伤等。

安装变压器的附件，如变压器外罩、温控箱、固定电缆支架、传感线等。

根据施工图纸、产品使用说明书，在厂商技术督导人员指导下，严格按照有关标准规范进行接线。接线后对各回路进行校线检查。

从变压器本体专用接地端子用电缆连接到变电所接地母排。

3）技术要求：

变压器滑行至安装位置后，复核变压器中心线与基础型钢的中心线是否吻合。用两台千斤顶顶起变压器的一端（变压器长轴的一端）垫上方木，再顶起另一端垫上方木，撤除滑行轨。然后用千斤顶慢慢将变压器落在基础型钢上。如果变压器安装位置稍有偏差，用千斤顶侧顶变压器底座型钢即可调整到位。

4）安全注意事项：

参加施工人员必须戴安全帽、手套，集中精力，听从统一指挥。

搭建操作台的地面应平整、坚实。

变压器安装方向应符合设计要求。

牵引和顶升变压器时，两台捯链或千斤顶的操作速度应平衡一致，动作要协调。

滑轨的安放要平行稳固，轨间距离应保证变压器滑行的稳定。

严禁在变压器长轴的两端同时顶升或降落，每次顶升或降落的距离应小于 200m。

施工结束应及时清理施工现场，做到文明施工。

（4）柜体安装

柜体安装含 35kV GIS 开关柜安装、1500V 直流开关柜安装、整流器柜安装、负极柜安装、钢轨电位限制装置安装、交直流屏安装、控制信号屏安装等。柜体安装的技术要求如下：

1）1500V 直流设备（包括直流开关柜、负极柜、整流器柜、排流柜）采用绝缘法安装。其他设备（35kV 开关柜、交直流屏、控制信号屏、钢轨电位限制装置等）采用非绝缘法安装在基础框架或基础预埋件上。

2）盘柜本体就位后应检查盘柜本体及盘柜内的设备或电器与各柜体之间的连接是否牢固，外观有无损伤，绝缘是否良好；盘柜安装位置是否符合设计规定等。

3）盘柜单独或成列安装时其垂直度偏差应小于 1.5mm，相邻两盘顶部水平偏差应小于 2mm，相邻两盘面的盘面偏差小于 1mm，成列盘面的盘面偏差小于 5mm，盘、柜间的接缝偏差应小于 2mm（图 10-14）。

图 10-14　配电柜安装

4）按设计图纸、产品使用说明书以及有关标准规范进行接线。接线后应对各回路进行校线检查。

5）引入盘柜的电缆接线应排列整齐、美观。电缆芯线应标明回路编号，编号正确，字迹清晰。

6）所有直流设备的框架应连成一体。整流器、排流柜与负极柜不同设备供货商，应注意不同设备搭接处的安装，安装后绝缘性能需满足要求。

（5）变电所电缆敷设

1）确定施放对象并根据施工图给施放对象编号。

2）将拟敷设电缆两端头贴上临时标识，由引导员牵拉前行。敷设组的作业人员按所能承担的电缆重量，分段扶（扛）起电缆随引导员前行。由敷设组将电缆安放在指定的支架层上。电缆需要穿管时，用电缆引线引导电缆穿过管道。

3）敷设工作全部完成后，应按规范要求在各有关支架上把电缆绑扎固定。

图 10-15 电缆敷设、固定

4）在电缆竖井、电缆夹层等处加挂电缆牌，以便查找或核对。在加挂电缆牌处需在电缆敷设时贴临时标识。

5）将电缆进出盘柜、房屋、穿管或其他所留的缝隙用防火堵料封堵。

（6）变电所接地装置安装

变电所接地施工是一项特殊工序，也是一个十分重要的工序，它几乎贯穿于变电所的整个施工过程中，这里指的是接地干线和接地电缆（图 10-15）的施工。

1）接地干线施工方法

① 测量划线

用水准仪在每一面变电所内墙上找两个点，距地面 $(H+d/2)$ mm；其中，H 为扁钢距地面的设计高度，d 为扁钢的宽度。

两点间用墨斗弹一条直线，每间隔 1m，拐角处间隔 300mm，作一个"＋"字标记，为接地干线的打孔固定位置。

90°平弯预制，用 40×5 的扁钢预制成等边的 90°平弯，边长为 290mm。

② 打孔安装

在作有打孔标记的位置，根据嵌入式膨胀螺母型号，确定所打孔深及孔径。

用冲子将嵌入式膨胀螺母芯冲好，使其膨胀，将"S"形卡子固定在墙上。

用待安装扁钢放在"S"形卡子上，以量出拐弯处尺寸，并做好标记，再用适当的模子进行弯排。

③ 断接卡子制作

断接卡子是用作主接地干线为自然接地体和人工接地体连接用的一个扁钢接头。用 4 个 M12 螺栓固定，搭接长度符合要求，能方便地断开与主干线的连接。

④ 扁钢焊接

主干线扁钢除搭接卡子外，都采用搭接焊。搭接长度为宽度的 2 倍，必须三个棱边满焊，焊缝饱满，无虚焊。焊接后应用角磨机打磨光滑，并涂两道防锈漆后，再刷银粉漆。

接地干线全部完成后，在明显的地方每隔一段涂 10mm 宽度相等的黄绿色条纹。

在开关柜后面的接地干线上间隔 2～3m 装一个蝶形螺栓，均应刷白色底漆并标以黑色接地符号标识。

接地干线过门口安装如图 10-16 所示。

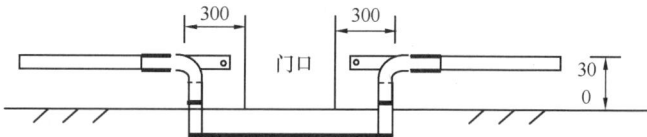

图 10-16　接地干线过门口安装示意图（mm）

2）桥架接地安装

① 测量划线

在一排桥架立柱的两端立柱上分别找一个点，作为扁钢安装位置。一般定在从上至下第二至第三层桥架之间，这样既方便安装，又可避免扁钢占用人行通道。

为将两点找水平，受环境限制水准仪不能使用，只可用透明软管，充满水后，作为连通器来找水平两点。

② 打孔安装

用冲子在立柱的打孔位置冲一小坑，手电钻打孔时，应加一两滴机油，以降低钻头温度，使之润滑，使钻孔变得轻松一些。

扁钢在立柱上安装，应加一个拉力安装螺栓，这样扁钢安装完成后更笔直、美观。

扁钢与扁钢之间的连接采用焊接，焊接要求与主干线相同。

③ 桥架层间软铜线安装

热镀锌梯级桥架之间用不少于 2 个防松螺栓连接时，不需连跨接线，但各层间应用软铜线连接，全长不少于 2 处。软铜线截面积根据设计要求确定。

各层之间连接后，再与桥架接地扁钢连接。

④ 与干线连接

桥架扁钢与接地干线连接，采用扁钢焊接。

为保证电缆夹层的通道畅通，连接扁钢应从夹层的顶棚走，然后顺墙面向下与干线扁钢连接，连接采用搭接焊。

3）接地铜排安装

① 铜排加工

根据设计图纸选用铜材，并按设计加工好后，打磨毛边，加热铜排搪锡，搪锡应均匀，无锡斑及起皮现象。搪锡前应用砂纸将铜排表面氧化物打磨掉。

② 铜排固定

若设计无要求，根据接地电缆在桥架上的敷设高度，来确定铜排固定高度。主要考虑电缆接到铜排后，电缆的弯曲半径、受力情况，若电缆到铜排的距离过长，应加非标支架来支撑电缆。

铜排为绝缘安装。用膨胀螺栓打入墙体，拧紧螺母使其胀紧。螺栓外露不少于10mm，不大于支撑绝缘子的内螺栓深度。

将支撑绝缘子拧在膨胀螺栓上，固定点按铜排长度确定，一般为 2～3 个，然后将铜排固定在支撑绝缘子上。

③ 与干线连接

按《建筑电气工程施工质量验收规范》GB 50303—2002 中"母线螺栓搭接尺寸"的要求，接地干线扁钢与铜排连接用 2 个 M10 的螺栓进行固定，螺栓力矩值为 17.7～22.6N·m，接触间隙应涂一层导电脂。

4）接地电缆敷设、制安

① 电缆敷设

② 电缆头制作及连接

按线鼻子套管长度加 5mm，开剥电缆，然后套上线鼻子，根据线鼻子大小，一般压接2～3次，再缠上黑色绝缘胶带，电缆头制作完成。

将电缆绑扎固定好后，涂一层导电脂，根据电缆截面选用固定螺栓，一般用M12，力矩为31.4～39.2N·m。

5）技术要求

遵照国标《电气装置安装工程接地装置施工及验收规范》GB 50169—2006、《建筑电气工程施工质量验收规范》GB 50303—2002要求施工。

扁钢之间的连接采用搭接焊，焊缝长度为宽度的2倍，必须3个棱边满焊，焊缝不能有虚焊、假焊。所内和电缆夹层的接地干线间，应不少于2处连接。

桥架接地干线与主干线、桥架各层之间不少于2处连接。

断接卡子应方便拆卸，连接长度应为宽度的2倍，固定螺栓不少于2个，且不小于M12。

铜排与干线扁铜、电缆的连接应涂导电脂。

变电所综合自动化系统线缆屏蔽层应可靠接地。

变电所综合自动化系统的直流地、交流地和保护地必须分开，但可分别连接在同一个接地网上，其接地连接应牢固可靠。

6）注意事项

施工用电电源应带漏电保护装置。

使用电焊应办动火证，并做好防火措施。

焊接接地干线时，应加镀锌薄钢板，湿棉布保护墙面和地脚瓷砖，防止烧坏。

连接自然接地体时，一定要确认自然接地体的电阻值是否符合设计要求，若不符合要求应及时通知施工单位整改。

二、质量安全风险存在的问题

1. 质量风险（参见表10-6）

2. 安全风险（参见第九章第三节）

三、质量安全风险监管的要点

供电系统质量安全风险，主要从电缆支、桥架安装的管理和各项管理制度落实执行等方面进行重点监管。

1）电缆支、桥架安装的管理：包括设备基础预埋件安装、变电所接地施工质量监管，电缆支、桥架安装过程中的接地安装质量监管；

2）各项管理制度落实执行：包括登高作业和临边防护安全监管，变电所送电方案的审批程序以及设备性能各方验收管理，轨行区作业管理监管等。

第五节　通　信　系　统

一、质量安全风险管理内容

1. 通信线缆敷设、布放质量安全管理

（1）支、吊架安装

支、吊架到达现场应进行检查，其规格、型号和质量符合设计要求及相关产品标准的规定。

支、吊架安装在有坡度（弧度）的电缆沟内或建筑物构架上时，其安装坡度（弧度）应与电缆沟或建筑物构架的坡度（弧度）相同。

支、吊架不应安装在具有较大振动、热源、腐蚀性液滴及排污沟道的位置，也不应安装在具有高温、高压、腐蚀性及易燃易爆等介质的工艺设备、管道以及能移动的构筑物上。

支、吊架安装在区间时，严禁超出设备限界。

（2）线槽安装

线槽到达现场应进行检查，其规格、型号和质量符合设计要求及相关产品标准的规定。

线槽终端应进行封堵。

金属线槽采用焊接方式连接时应牢固，内层平整，不应有明显的变形，埋设时焊接处应作防腐处理。采用螺栓连接或固定时应牢固。

槽与槽之间、槽与设备盘（箱）之间、槽与盖之间、盖与盖之间的连接处，应对合严密。

线槽与机架连接处应垂直，连接牢固。

金属线槽应接地，接缝处应有连接线或跨接线。预埋线槽时，线槽的连接处、出线口、分线盒，均应作防水处理。

当供电电缆与信号电缆在同一径路用线槽敷设时，宜分线槽敷设。若需要敷设在同一线槽内，应采用带金属隔离板的金属线槽，分开敷设。

（3）保护管安装

保护管到达现场应进行检查，其规格、型号和质量符合设计要求及相关产品标准的规定。

保护管两端管口应密封。

金属保护管应接地，金属保护管连接后应保证整个系统的电气连通性。

预埋保护管宜采用整根材料，如必须连接时，在连接处应作防水处理。预埋保护管管口应作防护处理。

（4）缆线布放

电源线、信号线，到达现场应进行检查，其规格、型号和质量符合设计要求及相关产品标准的规定。

电源线、信号线不应破损、受潮、扭曲、折皱，线径正确。每根电源线或信号线不应断线、错线，线间绝缘、组间绝缘应符合产品技术条件或设计要求。

数条水平线槽垂直排列时，布放应按弱电、强电的顺序从上至下排列。

线槽内的电缆、电线应排列整齐，不应扭绞、交叉及溢出线槽。

缆线在管内或线槽内不应有接头和扭结。缆线的接头应在接线盒内焊接或用端子连接。

当采用屏蔽电缆或穿金属保护管以及在线槽内敷设时，与具有强磁场和强电场的电气设备之间的净距离大于 0.8m。屏蔽线应单端接地。

电源线与信号线交叉敷设时，应当成直角；当平行敷设时，相互间的距离符合设计要求。

（5）光、电缆敷设

光、电缆到达现场应进行检查，其规格、型号和质量符合设计要求及相关产品标准的规定。

光、电缆敷设前应进行单盘测试，衰减、长度等指标应符合产品技术条件及设计要求。

光、电缆线路的径路、敷设位置应符合设计要求。

光缆敷设时宜分 A、B 端，光缆施工中整盘敷设不得任意切断光缆。

光缆敷设、接续、固定安装时最小容许弯曲半径不小于护套外径的 20 倍。光缆敷设时的牵引力不应大于光缆允许张力的 80%，瞬间最大牵引力不得大于光缆允许张力。

敷设时引入口外余留 3～5m；最外层金属护套对地绝缘电阻不应低于 10MΩ·km，允许 10% 的单条光缆不应低于 2MΩ·km。

电缆敷设前电缆单盘测试，检验电缆端面，确定 A、B 端别。

检查所有芯线有无断线、混线等障碍；每一根芯线对其他所有芯线及金属护套之间的绝缘电阻。

电缆弯曲半径不小于外径的 15 倍，进各引入口外余留 3～5m。

检查监督做电缆的终端接线以及 MDF 的接续。

光、电缆线路的埋深应符合设计要求。

光、电缆线路的防雷设施的设置地点、区段、数量、方式和防护措施应符合设计要求。

光、电缆线路的防蚀和防电磁设施的设置地点、区段、数量、方式和防护措施应符合设计要求。

光、电缆外护层（套）不得有破损、变形或扭伤，接头处应密封良好。

光、电缆与其他管线的间隔距离应符合设计要求。

（6）电缆接续及引入终端

电缆芯线应按顺序一一对应接续，接续完成后应检查无错线、断线、绝缘良好。

直埋电缆接头套管应作绝缘防腐处理并将接头加以保护。人（手）孔内的电缆接头应放在托板架上，相邻接头放置位置应错开。

电缆引入室内时，其金属护套与相连接的室内金属构件间应绝缘。

分歧尾巴电缆接入干线的端别应与干线端别相对应。

接线盒、分线盒、交接箱的配线应卡接牢固、排列整齐、序号正确，并应有相应的标识。

数字电缆引入应终接在数字配线架（DDF）上，音频电缆引入应终接在总配线架（MDF）上。

数字配线架的安装应符合以下规定：型号、规格和安装位置应符合设计要求，架体安装应牢固可靠，紧固件应齐全且安装牢固；标识应齐全、清晰、耐久可靠；连接器单元上应有标识；同轴头焊接应牢固可靠；架内同轴缆应进行绑扎并有适当余留；数字配线架接地应可靠。

总配线架的安装应符合以下规定：型号、规格和安装位置应符合设计要求，架体安装应牢固可靠，紧固件应齐全且安装牢固；标识应齐全、清晰、耐久可靠；卡接（绕接）模块上应有标识；接线端子卡接（绕接）牢固，接触可靠；接线排上任意互不相连的两接线端子之间以及任一接线端子和金属固定件之间，其绝缘电阻不应小于 50MΩ；总配线架的总地线和交换机的地线应实现等电位连接；引入总配线架的用户电缆其屏蔽层在电路的两端应接地，局端应在入局界面处进线室内与地线总汇集排连接接地，接地应可靠；总配线架告警系统应能发出可见可闻的告警信号。

（7）光缆接续及引入终端

光纤接续时应按光纤色谱、排列顺序一一对应进行；光纤接续部位应用热缩加强管保护，加强管收缩应均匀、无气泡；光纤收容时的弯曲半径不应小于 40mm。

直埋光缆的金属外护套和加强芯应紧固在接头盒内。两侧的金属外护套、金属加强芯应绝缘。

光缆接头的埋深、固定方式、位置应符合设计要求，直埋光缆接头埋于地下时，应设防护。

光缆引入室内时，应做绝缘接头，室内室外金属护层及金属加强芯应断开，并彼此绝缘。

室内光缆应终端在光缆配线架或光缆终端盒上。光缆配线架或光缆终端盒的安装位置及面板排列应符合设计要求。

光缆配线架的安装应符合以下规定：型号、规格和安装位置应符合设计要求，架体安装应牢固可靠，紧固件应齐全且安装牢固；标识应齐全、清晰、耐久可靠；光缆终端区光缆进、出应有标识；光纤盘内，光纤的盘留弯曲半径应大于 40mm；裸光纤与尾纤的接续应符合光纤接续要求，其接头应加热熔保护管保护并按顺序加以排列固定；余留尾纤应按单元进行盘留，盘留弯曲半径应大于 50mm。

（8）光、电缆线路特性检测

光缆线路在一个区间（中继段）内，每根光纤的背向散射曲线应平滑，无阶跃反射峰，接续损耗平均值应符合下列标准：

单模光纤 $\alpha \leqslant 0.08$dB（1310nm、1550nm）；

多模光纤 $\alpha \leqslant 0.2$dB。

光缆线路区间（中继段）光纤线路衰减测试值应小于设计计算值。

光缆线路区间（中继段）S 点的最小回波损耗指标应符合下列规定：

STM-1　　1550nm 波长不应小于 20dB；

STM-4　　1310nm 波长不应小于 20dB；

STM-4　　1550nm 波长不应小于 24dB；

STM-16　　1310nm、1550nm 波长不应小于 24dB。

区间通信电缆低频段四线组音频段电特性指标应符合表 10-9 规定。

低频段四线组音频段电特性标准　　　　　　　　　　　　　　表 10-9

序号	项目	测量频率	单位	标准	换算
1	0.9mm 线径环阻（20℃）	直流	Ω/km	≤57	实测值/L
	0.7mm 线径环阻（20℃）	直流	Ω/km	≤96	
	0.6mm 线径环阻（20℃）	直流	Ω/km	≤132	
	0.5mm 线径环阻（20℃）	直流	Ω/km	≤190	

序号	项目		测量频率	单位	标准	换算
2	环阻不平衡（20℃）		直流	Ω	≤2	—
3	0.9mm、0.7mm 线径绝缘电阻		直流	MΩ·km	≥10000	实测值×
	0.9mm、0.7mm 线径绝缘电阻		直流	MΩ·km	≥5000	（L+L'）
4	电气绝缘强度	所有芯线与金属外护套间	直流	V	≥1800（2min）	—
		芯线间	直流	V	≥1000（2min）	—
5	交流对地不平衡衰减		800Hz	dB	≥65	—
6	近端串音衰减		800Hz	dB	≥74	—
7	远端串音防卫度		800Hz	dB	≥61	—
8	轨道交通区段杂音计电压（峰值）	调度回线	800Hz	mV	≤1.25	用杂音测试器测量时，应用高阻档，输入端并接阻抗值等于电缆输入阻抗$\sqrt{Z}$，其实测值应乘以 $600/Z$
		一般回线	800Hz	mV	≤2.5	

注：L——音频段电缆实际长度（km）。

　　L'——电缆线路各种附属设备的等效绝缘电阻的总长度（km）。

　　L'=L头+L分歧+L盒+L区间

其中：L头——每个接头绝缘电阻为105MΩ，等效电缆100m；

　　L分歧——按实际分歧电缆长度计算；

　　L盒——电缆分线盒等效电缆2km；

　　l区间——每个区间电话端子板等效电缆10km。

市话电缆直流特性指标应符合表 10-10 的规定。

市话电缆直流电特性标准　　　　　　　　　　表 10-10

序号	项目	单位	标准	换算
1	0.8mm 线径环阻（20℃）	Ω/km	≤74	实测值/L
	0.6mm 线径环阻（20℃）	Ω/km	≤132	
	0.5mm 线径环阻（20℃）	Ω/km	≤190	
	0.4mm 线径环阻（20℃）	Ω/km	≤296	
2	绝缘电阻	MΩ·km	≥3000（填充式电缆）	实测值×（L+L'）
		MΩ·km	≥10000（非填充式电缆）	

2. 传输系统质量安全管理

（1）传输设备安装

传输设备到达现场应进行检查，其规格、型号和质量符合设计要求及相关产品标准的规定。设备所附带的产品出厂文件和图纸、合格证、检验单、零附件和备品、机内所有文件及机内布线应齐全、完整、良好。试验设备应齐全，无损伤。

设备基础铁件加工标准化、系统化。

机架（柜）电路插板的规格、数量和安装位置符合设计要求。

（2）传输设备配线

配线光、电缆到达现场应进行检查，型号、规格、质量符合设计要求及相关产品标准的规定。配线标识齐全、清晰、不易脱落。

配线电缆和电线芯线无错线、断线、混线，中间不得有接头。配线电缆芯线间绝缘电阻应符合下列规定：

音频配线电缆不小于 50MΩ；高频配线电缆不小于 100MΩ；同轴配线电缆不小于 1000MΩ。

音频配线电缆近端串音衰减不应小于 78dB。

1）光纤敷设、连接、标识及防护：光缆尾纤应按标定的纤序连接设备；光纤尾纤应单独布放并用垫衬固定，不得挤压、扭曲、捆绑，光纤排列应整齐有序，绑扎松紧适度。弯曲半径不得小于 50mm；如果采用机架上方走线架或采用地沟走线方式可直接使用塑料波纹管进行防护，如果采用静电地板下走线方式可考虑塑料波纹管防护，或沿光纤布放路径加设桥架方式进行防护。

2）用户电缆布放、连接及标识方法：

各种业务音频配线的色谱顺序和端子板上的端子应固定统一。

自动业务、数据业务（数据业务的配线电缆大都由数据业务单元板的提供厂家提供专用电缆）和其他业务根据设计要求也严格按照色序进行配线，依照业务量的需要选择合适线型、规格的配线电缆，并考虑适当预留。

电缆芯线绕接或卡接时，电缆剖头平齐，不得损伤芯线绝缘，编把出线时考虑色谱顺序，不得错序，不得出鸳鸯线对。卡接电缆芯线平整、牢固不松动，接触良好。绕接电缆芯线必须使用相应规格的绕线枪，严禁以手钳代替。

用户电缆标识：设备侧和配线架侧均应在距用户电缆开剥边沿 15～20mm 处粘贴标示标签。

用户电缆标识标签制作和填写须一式两份，分别粘在用户电缆两头，既标明用户电缆本端连接，又显示用户电缆对端连接，形成一一对应的连接关系，避免发生连接错误。

3）电源及接地：

电源端子配线正确，两端标识齐全；设备地线必须连接良好；电缆、电线的屏蔽护套应可靠接地，并应与接地线就近连接。

3．公务电话系统质量安全管理

（1）公务电话设备安装

公务电话设备到达现场应进行检查，其规格、型号和质量符合设计要求及相关产品标准的规定。设备所附带的产品出厂文件和图纸、合格证、检验单、零附件和备品、机内所有文件及机内布线应齐全、完整、良好。试验设备应齐全，无损伤。

程控交换机、话务台的安装位置、间距符合设计标准要求。

设备基础铁件加工标准化、系统化。

机架(柜)电路插板的规格、数量和安装位置符合设计要求。机架接地线必须连接良好。

区间电话安装严禁超出设备限界。安装位置、间距和方向应符合设计要求。

（2）公务电话设备配线

公务电话设备配线要求同"传输设备配线"。

4. 专用电话系统质量安全管理

（1）专用电话设备安装

专用电话设备到达现场应进行检查，其规格、型号和质量符合设计要求及相关产品标准的规定。设备所附带的产品出厂文件和图纸、合格证、检验单、零附件和备品、机内所有文件及机内布线应齐全、完整、良好。试验设备应齐全，无损伤。

设备基础铁件加工标准化、系统化。

机架（柜）电路插板的规格、数量和安装位置符合设计要求。

（2）专用电话设备配线

专用电话设备配线要求同"传输设备配线"。

5. 无线通信系统质量安全管理

（1）天馈线

天线、馈线、放大器型号规格应符合实际要求及相关产品标准的规定。

杆塔和站厅天线的安装高度、方向和固定方式应符合设计要求。

天馈线防雷应符合要求。

馈线不得有接头，天馈线连接处及馈线与室外防雷器的连接处应作防水处理。

天馈线的驻波比在工作频段内不应大于1.5；按馈线长度和部件计算的总衰减应符合技术指标要求。

天线避雷针及引下线安装应符合下列规定：天线避雷针上端与天线上端夹角应小于45°；避雷针引下线应固定并与接地体连接良好；接地体与连接线（如扁钢）的焊接处应作防腐处理。

天馈线室内天线安装应符合下列要求：天线安装高度应符合设计要求，固定牢靠；固定、安装底座时，应尽量不破损吊顶。

天馈线室外天线安装应符合下列要求：电杆高度应符合设计要求；电杆天线必须安装避雷针，并做好地线，接地电阻应符合设计要求；房屋原有避雷装置不能满足要求时，应新设避雷装置；固定钢丝绳拉线时，应装绝缘子，并在侧墙或屋顶层面上预埋螺栓固定牢固；引入天线馈线时，在屋檐易摩擦部位应采取防护措施。

天馈线屋顶天线安装应符合下列要求：天线的安装高度、方向和安装方式应符合设计要求；固定、安装底盘时，不应破坏屋顶原有防水层；最大抗风力应符合设计要求。

（2）漏泄同轴电缆

漏泄同轴电缆到达现场应进行检查，其规格、型号和质量符合设计要求及相关产品标准的规定。

漏缆应在现场进行单盘测试。其直流电气特性、交流电气特性应符合设计要求。

漏缆的安装应符合下列规定：

漏缆型号、规格、敷设方式及位置应符合设计要求；漏缆在铁轨下过轨时，应换接阻抗相同的软电缆。

隧道内吊挂漏缆，其吊挂位置和距钢轨面的高度应符合设计要求，漏缆的开口方向应面向列车；高架或地面区段漏缆托架的安装间隔应符合设计要求；漏缆不应急剧弯曲，弯曲半径符合表10-11规定。

漏缆弯曲半径   表10-11

项目	单位	规格代号		
		42	32	22
最小弯曲半径（单次弯曲）	mm	600	400	200
最小弯曲半径（多次弯曲）	mm	1020	760	500

漏缆的连接必须保持原漏缆结构及开槽间距不变，固定接头应接续可靠、连接牢固，装配后接头应按设计要求进行防护。

漏缆装配后，应进行直流电气特性、交流电气特性、中继段静态场强测试，其指标符合设计要求。

漏缆的直流电物性应符合下列规定：直流环路电阻应小于 4Ω/km；内、外导体间绝缘电阻不应小于1000MΩ·km；内、外导体间耐压：工频交流3000V，2min不击穿；驻波比：应小于1.5。

（3）无线通信设备安装

无线通信设备到达现场应进行检查，其规格、型号和质量符合设计要求及相关产品标准的规定。

无线设备安装及配线规范同传输系统设备安装、配线。

基站和直放站的避雷器安装应串接于天线馈线和室内同轴馈线之间。避雷装置应安装于建筑物电缆入口处的墙壁上方，并应防雨。

高架及地面区间直放站应设置独立的防护地线，接地电阻不应大于10Ω。

公安消防无线设备安装与配线应符合下列规定：

设备的系统制式、型号、规格和机柜颜色应符合设计要求；设备安装与配线应符合设计要求；机柜内设备的规格和型号应符合设计要求；天馈线的规格、型号以及安装位置应符合设计要求。

6. 视频监控系统质量安全管理

（1）电视监视设备安装

电视监视设备到达现场应进行检查，其规格、型号和质量符合设计要求及相关产品标准的规定。设备所附带的产品出厂文件和图纸、合格证、检验单、零附件和备品、机内所有文件及机内布线应齐全、完整、良好。试验设备应齐全，无损伤。

设备基础铁件加工标准化、系统化。

机架（柜）电路插板的规格、数量和安装位置符合设计要求。

在室外露天安装摄像机时，避雷针和摄像装置的安装应牢靠、稳固。

（2）电视监视设备配线

电视监视设备配线电缆到达现场应进行检查，型号、规格、质量符合设计要求及相关产品标准的规定。

电缆敷设、电源配线、地线布放同相应规范。

7. 广播系统质量安全管理

（1）广播设备安装

广播系统控制设备、噪声传感器、扬声器及电缆到达现场应进行检查，其规格、型号和质量符合设计要求及相关产品标准的规定。

广播系统室内设备机架（柜）电路插板的规格、数量和安装位置符合设计要求。

安装扬声器严禁超出设备限界，不得影响与行车有关的信号和标志。

外场扬声器安装用电杆的规格符合设计要求。

扩音馈线为地下电缆时，所用电缆盒和线间变压器盒的端子绝缘电阻应符合产品技术条件规定。

露天扬声器馈线引入室内时，应装设真空保安器。

控制中心和车站广播的负载区数量应符合设计要求。

控制中心录音设备规格、型号应符合设计要求。录音功能正常。

（2）广播设备

广播设备配线电缆到达现场应进行检查，型号、规格、质量符合设计要求及相关产品标准的规定。

电缆敷设、电源配线、地线布放同相应规范。

8. 时钟系统质量安全管理

（1）时钟设备安装

时钟设备到达现场应进行检查，其规格、型号和质量符合设计要求及相关产品标准的规定。

时钟设备机架（柜）电路插板的规格、数量和安装位置符合设计要求。

安装扬声器严禁超出设备限界，不得影响与行车有关的信号和标志。

标准信号接收单元的接收大线头应安装在室外，且周围无明显遮挡物；时间信号接收器应安装在室内，安装方式符合设计要求。

监督各站站台、站厅双面子钟的托架和吊装的制作安装，托架用 3mm 钢板或不锈钢板制成，喷塑前必须酸洗，磷化处理和镀锌处理，吊架由吊架底座、吊杆、装饰套管、固定子钟法兰、固定膨胀螺栓组成；车辆基地采用侧挂式，子钟安装点的墙体必须是钢筋混凝土。

吊挂式双面子钟及侧挂式双面子钟每个挂点承重不小于 100kg，按国家标准托架和吊杆外表面达 2 级，内表面达 4 级，喷塑表面应是亚光、色泽均匀，做到牢固、美观。

（2）时钟设备配线

时钟设备的配线电缆到达现场应进行检查，型号、规格、质量符合设计要求及相关产品标准的规定。

信号线机柜处线缆预留 3～6m；子钟处线缆预留长度从 86 出线盒引出 1～1.5m，出线有面板。

配线屏蔽网的低电平端，应从接地地线盘的汇流排端子接地。

电缆在通信电缆桥架内敷设时，应按顺序交叉平直排列整齐，电缆转弯应圆滑。

编扎电缆芯线应符合使用要求，电缆剖头长度应符合使用要求，宜保持电缆芯线扭绞；布线不宜过紧，转弯应圆滑；分线应按色谱顺序；余留芯线长度应满足更换编线最长芯线的要求。

焊接后芯线绝缘应无烫伤、开裂及后缩现象，绝缘层离开端子边缘露铜不得大于1mm；在焊接单元极或元器件时，应将电烙铁金属外皮接地。

时间系统设备机柜及子钟的安装应保证垂直和水平度的要求，机柜应接地。

协调与土建专业、供电专业及通信系统其他专业的配合（包括预留孔洞、预埋管、支架等）。

验查86出（分）线盒，绝缘不小于1000MΩ [500V（DC）]，耐压不小于500V（AC）/50Hz/1min，不击穿、不飞弧，芯线线径0.4～0.7mm，阻燃性能达到相应标准级别。

其他电缆敷设、电源配线、地线布放同传输设备配线。

9. 乘客信息显示系统质量安全管理

（1）乘客信息显示设备安装

乘客信息显示设备到达现场应进行检查，其规格、型号和质量符合设计要求及相关产品标准的规定。

乘客信息显示设备机架（柜）电路插板的规格、数量和安装位置应符合设计要求。

电子显示设备的保护接地端子应有明确标记并接地良好。在熔断器和开关电源处应有警告标志。

电子显示设备的支撑架应安装牢固。

（2）乘客信息显示设备配线

乘客信息显示设备的配线电缆到达现场应进行检查，其型号、规格、质量应符合设计要求及相关产品标准的规定。

乘客信息显示设备的配线应符合通信线缆质量控制程序和内容的规定。

乘客信息显示系统电源配线、地线的布放应符合电源及接地系统质量控制程序和内容的规定。

电子显示设备配线成端应有预留。

10. 电源及接地系统质量安全管理

（1）电源系统设备安装

电源设备到达现场应进行检查，其规格、型号和质量符合设计要求及相关产品标准的规定。

交、直流配电设备的进、出配电开关及保护装置的数量、规格符合设计要求。

蓄电池架（柜）的加工形式、规格尺寸和平面布置符合设计要求。

电源设备机柜安装的垂直度允许偏差为1.5‰。

机柜采取接地措施。机柜底座与地面牢靠固定，机柜与静电地板持平。

做到与土建、供电、装饰及通信系统其他专业密切配合，协调好各专业关系。

电源设备的绝缘性能满足如下要求：

电源设备的带电部分与金属外壳间的绝缘电阻，不应小于5MΩ；

电源配线的芯线间和芯线对地绝缘电阻不应小于1MΩ。

检查被供电的电源端子上允许的直流电压变动范围：24V 时为 21.6～26.4V，48V 时为 40～57V。检查汇流条接头及母线与设备连接处，实际负载时应无发热烫手现象（小于 50℃）。

UPS 的过电流保护，应能保证在负载发生短路或电流超过允许的极限时动作。

（2）电源系统设备配线

电源设备配线用电源线应采用整段线料，中间禁止有接头。

连接柜（箱）面板上的电器及控制板等可动部位的电源线应采用多股铜芯软电源线，敷设长度应有适当余留。

引入或引出交流不间断电源装置的电源线、缆和控制线、缆应分开，在电缆支架上平行敷设时应保持 150mm 的距离。

直流电源线必须以线色区别正、负极性，直流电源正负极性严禁接错与短路，接触必须牢固；交流电源线必须以线色区别相线、零线、地线，严禁错接与短路，接触必须牢固。

检查各种馈电母线和电源配线的安装，应符合下列规定：

各种馈电母线和电源配线的敷设路径和线缆固定方法应符合设计要求，与其他线缆分槽走，同槽时分走两侧应相距 100mm。

电源配线的布线应平直、稳固，不得有急剧转弯和起伏不平，严禁扭绞和交叉，达到整齐、美观。交直流电源配线应分开布放，不应绑在同一线束内。颜色电缆的最小弯曲半径不得小于其外径的 10 倍；颜色配线和胶皮电缆的最小弯曲半径不得小于其外径的 6 倍。

配线屏蔽网的低电平端，应从接地地线盘的地线汇流排端子一端接地。

电源配线与设备端子的连接应符合下列要求：

截面 10mm^2 及以下的单芯电源线打圈连接时，在导线与螺母间应加装垫圈，每处最多允许连接两根导线，并在两导线间加装垫圈，接线螺母应拧紧。

截面 10mm^2 以上的多股电源配线，应加装相应规格的铜、铝线鼻子或加卡子，焊接或压接牢固后再与电源端子连接。

电源配线的绝缘或护套剖头，应使配线悬空裸露长度保持 1～2mm。

电源配线与设备连接时，不得使设备端子受到机械应力。

（3）接地装置

接地装置的型号、规格、质量应符合设计要求。

接地系统的接地类型、引入方式等均应符合设计要求。

通信系统的以下部分均应接地：

通信电源设备的基础槽钢、金属框架、装有电器的可开启柜门；

通信设备、监控设备的机架、机壳；

电缆线路的金属护套和屏蔽层，防护用金属管路、金属桥架；

电源接地；

防雷接地；

电源系统接地保护或接零保护应可靠，且有标识。

独立设置接地体的接地装置的接地电阻值应满足以下规定：

安全保护地接地电阻不大于 10Ω；

防雷接地电阻不大于10Ω；

联合接地电阻不大于1～4Ω。

利用建筑物基础钢筋接地方式的接地电阻不应大于1Ω。

二、质量安全风险存在的问题

1. 质量风险（参见表10-6）

2. 安全风险（参见第九章第三节）

三、质量安全风险监管的要点

通信系统质量安全风险，主要从以下几个方面进行监管：

1）区间支吊架区间安装限界控制质量监管；

2）光、电缆线路的防雷设施的放置地点、区段、数量、方式和防护措施的监管；

3）电缆引入线金属护套和室内金属构件间绝缘质量监管；

4）传输设备地线连接以及电缆、电线的屏蔽护套接地质量监管；

5）区间电话设备限界安装质量监管；

6）无线电通信系统防雷装置、接地引下线和接地电阻测试的质量监管；

7）电源系统直流电源线接线质量监管。

第六节 信 号 系 统

一、质量安全风险管理内容

1. 信号机控制要点

（1）对信号机构及信号变压器以下项目进行检查和测试，其技术指标应符合相关产品标准的要求。

1）各灯室的串光检查；

2）机构门的严密性检查；

3）变压器输出电压测试；

4）绝缘电阻测试。

LED光源的电气特性应符合产品技术标准和设计规定。

（2）信号机构安装的型号、规格和灯光配列应符合设计规定。部件应齐全，不得有破损、裂纹现象。

（3）信号机配线应符合下列要求：

1）采用 $7 \times 0.52 mm^2$ 多股铜芯绝缘软线；

2）绝缘软线不得有损伤、老化现象；

3）绝缘软线不得有中间接头；

4）绝缘软线在机柱、电线引入管进出口处应加以防护。

（4）信号机安装应符合下列规定：

1）混凝土信号机柱质量应满足下列规定：

① 横向裂缝宽度小于0.2mm，裂缝长度小于1/2周长；

② 裂缝小于等于5条，裂缝间距在200mm以上；

③ 纵向裂缝小于等于1条，钢筋不得外露，裂缝宽度在0.2mm以内，裂缝长度小于

1000mm，混凝土面无剥落现象。

2）高柱信号机应垂直于地面装设，在距离钢轨顶面4500mm高处，倾斜量不大于36mm。高柱信号机托架的横向桁架底边高出钢轨面的限界，应根据牵引供电的不同方式按设计规定设置。

高柱信号机机柱类型、埋深、机构安装高度及安装限界应符合设计规定。信号机柱埋深不足时，应采取加固措施进行防护。

高柱信号机进路表示器机构的安装装置，应以列车允许显示（绿灯）灯位中心为中轴线，分清左右方向。

3）信号机梯子基础、机柱卡盘、底盘等混凝土的强度等级应符合设计要求，表面平整光洁，不得出现露筋。

（5）矮型信号机安装应符合下列规定：

1）矮型信号机安装高度、机构间距、基础埋深、安装限界应符合设计规定。当埋深达不到设计要求时，应采取加固措施。

2）矮型双机构信号机的进路表示器安装位置，应以列车允许显示（绿灯）灯位中心为轴线，分清左右方向。

3）矮型信号机混凝土基础的强度应达到设计要求，基础螺栓应垂直，基础表面平整光洁并无明显丢边掉角现象。

（6）非标信号机安装应符合下列规定：

1）信号机支架宜采用直径100mm的钢管作为立柱；

2）非标信号机应安装垂直、平稳、牢固，安装限界应符合设计规定。

（7）信号机构内部设备安装布置合理，设备安装牢固，不碰卡，各紧固件应拧紧。信号机构及其部件内外部、遮檐、背板及托臂应涂黑色调合漆，涂漆颜色应一致，厚薄均匀、完整，无脱皮、反锈、鼓泡现象。

2. 转辙装置

（1）转辙装置的规格、型号及安装方式应符合设计要求。

（2）转辙装置的安装应符合下列要求：

1）固定长基础角钢的角形铁应与钢轨密贴（腹部除外）；

2）长基础角钢与单开道岔直股基本轨或对称道岔中心线垂直，其偏移量不得大于20mm；

3）固定道岔转换设备的短基础角钢应与长基础角钢垂直；

4）密贴调整杆、表示杆或锁闭杆，尖端杆、第一连接杆与长基础角钢之间应平行，其前后偏差各应不大于20mm；

5）各部绝缘及铁配件安装正确，不遗漏，不破损；

6）固定接头铁的螺栓头部与基本轨不得相碰。

（3）转辙机的安装应符合下列规定：

1）各种动力转辙机应连接牢固，安装符合设计规定的要求。

2）转辙机的堵板开、关灵活；当插入摇把或开启机盖时，安全接点应断开；当锁好机盖时，该接点应接触良好。

3. 计轴设备

（1）钢轨钻孔位置

1）钻孔位置距钢轨接头不小于 1m；

2）相邻的两个计轴点间不小于 2m；

3）钻孔位置距旁边钢轨的距离不小于 1m；

4）应安装在两根枕木中间的钢轨上，且应避开轨距杆等金属器件，并注意两根枕木之间的距离应不小于 400mm，如果需要安装的轨腰上有凸出字体，需磨平或者换地方打孔。

（2）安装位置

1）正线的磁头线均为 4m，以磁头为基准，EAK 应安装在沿计轴参考方向推移约 2m 的位置上；根据安装线路不同，EAK 面板（4 根磁头电缆进线口一面）应始终正对或背对计轴参考方向。

2）非正线处的磁头线均为 8m；

3）计轴设备的安装应符合地铁限界要求。

（3）磁头及磁头电缆安装

1）磁头的发送器安装于钢轨外侧，接收器安装于钢轨内侧，所有的金属部分必须用绝缘护套和绝缘尼龙片与钢轨绝缘；

2）磁头安装螺栓的扭矩力应符合要求（紧固磁头的 3 个 M12 螺栓使用扭矩为 45N·m、19mm 套筒的扭矩扳手扭紧，紧固发送磁头的 M8 螺栓使用扭矩为 25N·m、13mm 套筒的扭矩扳手扭紧，另外固定磁头的 M12 螺栓的螺母在钢轨外侧）；

3）防护套管托架须与钢轨绝缘，即尼龙垫圈须穿过托架上的孔；

4）电缆平放于地面上，不能盘圈，不能扭绞，如需要埋设时，应采用水泥槽防护，电缆弯曲半径不小于 70mm，发送磁头根部防护套管以外裸露部分的长度应保留 130mm，接收磁头根部防护套管以外裸露部分的长度应保留 170mm，4 根磁头线进入黄帽子一端防护套管以外裸露部分的长度应保留 230mm（从防护套管到磁头线的接线端子）。

（4）配线

1）电子盒铝底座的进线孔的处理。对有进线的，要套上胶圈并将螺纹接头紧固封闭；而对未有进线的，也必须紧固好，加以封闭。

2）4 根磁头电缆进入黄帽子前应穿好白色胶堵，进入黄帽子后，锁紧卡箍处的电缆，应剥去电缆外皮保证屏蔽层可靠接地。

3）4 根磁头电缆接端子之前，黑线和白线最少扭绞 2 次。

4）2 根备用电缆端子头需加热缩管。

5）安装黄帽子时不能挤压 EAK 中的电缆。

6）外部电缆需加电缆护套。

7）室外计轴安装罩底座有 M16 接地螺栓的，采用 $25mm^2$ 多股铜芯塑料软线接入区间综合接地系统，地线两端需加冷压线环。

4. 信标安装

一般来说，信标分为静态信标和动态信标，静态信标采用长边平行于钢轨安装；动态信标安装在信标盒内，长边平行于钢轨安装，每个信标盒里可安装 2 个动态信标。

（1）静态信标的安装

静态信标直接安装在背板上，信标顶面距轨顶面的距离为不小于 5mm，不大于

25mm。安装时需注意以下事项：

1）安装背板或支架表面保持整洁、光滑，与地面平行。

2）信标安装高度：信标顶面距钢轨顶面15±10mm。

3）注意信标长边与铁轨平行。

4）长平面中心线与线路中心线重合，左右允许偏差±5mm，短平面中心线与线路垂直，与设备位置测量点一致，允许偏差±5mm。

5）信标表面的上方和周围必须无障碍物。

6）信标安装支架在制作时充分考虑信标的高度和左右方向的可调；信标安装在线路曲线部分时，考虑曲线外侧钢轨超高等因素，此时信标顶面与两钢轨顶面间连线平行。

7）所有安装件必须作相应的表面防腐镀锌处理。

（2）动态信标的安装

动态信标安装在信标盒内，信标顶面距信标盒盖的内表面3mm，信标盒顶面距轨顶面不小于5mm，不大于12mm。安装时需注意以下事项：

1）安装背板或支架表面保持整洁、光滑，与地面平行。

2）信标安装高度：信标盒顶面距钢轨顶面5～12mm。

3）两个信标对称安装在两钢轨中心线两侧，允许误差为±5mm。

4）信标表面的上方和周围必须无障碍物。

5）信标安装支架在制作时充分考虑信标的高度和左右方向的可调。

6）安装支架及安装件必须作表面防腐镀锌处理。

7）安装信标盒时须注意，信标盒有2种类型，分别安装1个信标和2个信标，须认真核对。

（3）动态信标的配线

1）动态信标自带一根两芯电缆，用于接入外接的5～24VDC电源。电缆的黑色芯线接电源正极，白色芯线接电源负极。

2）动态信标自带的电缆，在预留好配线和信标在盒内适当移动的裕量外，多余的部分应剪掉；信标电缆在盒内严禁盘"O"形圈进行电缆裕量备用。

（4）信标安装的抗干扰抑制区

1）在选择信标的安装位置时，最大限度地避免信标在使用过程中被其他设备或其他危险化学品等损坏；

2）在信标安装位置与读写器之间要求一个"净区"，避免信标与读写器之间在数据交换过程中被阻挡、阻塞，在该"净区"内不能被任何金属物体或突出物遮挡、阻挡；安装时必须满足"净区"要求。

5. 无线AP箱和天线安装控制要点

（1）信号系统的无线设备安装在隧道壁上或采用支架安装在地面上。无线天线、AP点的位置、高度应符合设计文件的规定。

（2）每个AP点需要安装2个天线，安装需注意保持天线的滴水孔向下垂直于地面。AP盒和天线的连接电缆不得有接头，不得有损坏、老化现象，电缆引入口处应有防护。

6. 电缆线路

（1）电缆线路敷设应符合下列规定：

1）信号电缆进场应进行验收，对其绝缘电阻等主要参数进行测试。绝缘电阻值等电气特性应符合产品技术规格书的规定及设计要求。

2）信号电缆敷设时应满足下列要求：

① 电缆绝缘外护套应确保完整。电缆外护套完整性检查可通过测试钢带对地的绝缘电阻判断，不小于 $2M\Omega \cdot km$。

② 位于隧道内的电缆应按有关规定分层敷设于电缆支架上，位于高架线路上的电缆敷设于电缆支架上或电缆槽内。对敷设在电缆支架上的电缆应与电缆支架的托臂相绑扎固定，位于地面线路部分的电缆可敷设于电缆槽内。

（2）电缆防护应符合下列要求：

1）防护用钢管、铸铁管、电缆槽、硬塑料管及其他电缆防护器材进场应进行验收，其质量应符合相关产品标准的规定。

2）电缆防护管两端各伸出轨枕端不小于 500mm，埋于地面 200mm 以下，整体道床部分用管卡直接固定在地面上。防护管内径应大于电缆外径 1.5 倍，防护管为钢管时，管口处应设防护措施。

3）室外信号电缆当与其他管线、建筑物交叉或平行敷设时，其防护标准应符合《城市轨道交通信号工程施工质量验收规范》GB 50578—2010 文字说明中表 15、表 16 的规定。

（3）电缆接续应符合下列要求：

1）电缆接续材料进场应进行验收，其规格、型号及质量应符合相关行业标准的规定及设计要求。

2）各种扭绞信号电缆在进行接续时，应 A 端与 B 端相接，相同芯组内相同颜色的芯线相接。

3）电缆地下接头应水平放置，接头两端各 300mm 内不得弯曲。

4）屏蔽连接线及电缆芯线焊接时不得使用腐蚀性焊剂，焊接牢固。

5）信号电缆采用地下热缩套管接续时应符合下列要求：

① 电缆芯线接头宜采用大接头方式，扭绞部位应加焊；

② 电缆芯线接头长度宜为 10～15mm，相邻芯线的接头与接头之间宜错开 10～15mm，接续后的每根线长度应相等，并保持在 170～210mm；

③ 套于电缆芯线上的热缩套管应热缩均匀，管口密封良好，铜芯严禁外露；

④ 屏蔽连接线及铝衬套压接牢固，钢带上的连通导线焊接良好；

⑤ 电缆内、外护套接续的热缩套管应热缩均匀、无气鼓，端口溢胶，密封良好。

6）信号电缆采用地下接续盒型接续，应符合下列要求：

① 压接式接续端子材料的规格、型号应符合设计要求；

② 铝护套及钢带屏蔽连接时，连接部位应去除氧化层，使屏蔽网与铝护套或连接杆与钢带连接牢靠；

③ 屏蔽连接线在电缆的钢带或铝护套上应焊接牢固、光滑，其焊接面积应大于 $100mm^2$。电缆芯线开剥绝缘层长度为 6～8mm。

（4）箱盒安装应符合下列要求：

1）各种箱盒进场应进行验收，其质量应符合相关行业标准的规定及设计要求；

2）信号机、道岔、轨道电路、电缆分歧及接续、电缆引入等所用箱盒的安装方式应符合设计要求；

3）箱盒的混凝土基础强度应符合产品标准要求，基础螺栓应竖立垂直，距离正确，外露部分有防锈措施，基础表面平整光洁并无明显丢边掉角现象；

4）分线箱、变压器箱或电缆盒应安装在基础或支架上，变压器箱及电缆盒的基础埋设深度为基础顶面距地面150～250mm，在难以埋设基础的地方，可在金属支架或特制混凝土基础上安装；

5）电缆引入箱盒成端处，应对电缆外护套和引入孔作密封处理；电缆的钢带、铝护套、内屏蔽护套相连通；金属芯线根部不得损伤，对外露金属芯线、端子和根部以下的护层进行绝缘保护。

（5）电缆支架安装应符合下列要求：

1）电缆支架的型号、规格符合设计规定。电缆支架及接地扁钢宜采用镀锌处理。

2）电缆支架的安装位置、高度和限界要求应符合设计规定。与电力支架的距离符合设计规定。

7. 室内设备

（1）控制台、数字化仪、显示设备、应急台、接地箱、应急盘、紧急关闭按钮盘、各种机柜（架）、分线端子盘（柜）、电源设备、控制中心大显示屏等控制设备的安装位置应符合设计要求。

（2）控制台、数字化仪、显示设备、应急台进场应按下列项目进行检查验收：

1）外观应无损伤；

2）规格及盘面布置符合设计要求；

3）各类操作按钮、手柄及表示灯安装牢固，动作灵活，接触良好，配件齐全；

4）表示灯、仪表、计数器的规格、型号、位置符合设计要求，计数器计数准确；各种表示铭牌正确、齐全、字迹清楚。

（3）应急盘、紧急关闭按钮盘进场应按下列项目进行检查验收：

1）应急盘、紧急关闭按钮盘外观应无损伤；

2）规格及盘面布置符合设计要求；

3）产品质量证明文件齐全有效；

4）按钮动作灵活、接触良好，表示铭牌正确、齐全，铅封环完好。

（4）对室内继电器、变压器、轨道电路电子设备（含室外）按照相关产品技术标准的规定，应对以下项目进行检测：

1）继电器

① 继电器的外观（包括继电器透明罩内接点、线圈、衔铁等观察）检查；

② 鉴别销盖号码检查；

③ 线圈电阻测试；

④ 接点间动作的同步性检查；

⑤ 继电器时间特性测试（缓吸时间、缓放时间及时间继电器的延时时间）；

⑥ 电气特性测试（充磁值、释放值、工作值、反向工作值、转极值）；

⑦ 继电器机械特性检查；

⑧ 绝缘电阻测试。

2）变压器

① 输出电压（电流）测试；

② 绝缘电阻测试。

（5）电源设备应符合下列规定：

1）电源屏设备进场应对其包装及外观进行检查验收，配件及资料齐全，根据相关产品标准的规定对以下项目进行检测：

① 输出电源对地绝缘电阻测试；

② 电源屏各种输出的测试；

③ 电源屏的规格、型号及安装位置应符合设计要求；

④ 电源屏相序与引入电源的相位、屏与屏之间的相序应相符；

⑤ 电源配线的规格、型号、敷设路径应符合设计要求；

⑥ 电源引入防雷箱规格、型号及安装方式应符合设计要求。

2）UPS 电源及电池进场应进行验收，其规格、型号及性能应符合相关产品标准的规定及设计要求。

（6）室内设备配线应符合下列要求：

1）室内柜（架）设备之间及内部的配线，其规格、型号符合设计规定。

2）线条不得有中间接头和绝缘破损现象。

3）布放线条时，应留有适当的备用量。

4）剖切电缆时，不得损伤芯线外层绝缘；配线电缆排列整齐。

5）电缆引入端应有标明去向的铭牌。

控制中心大显示屏进场应进行验收，其规格、型号及性能应符合相关产品标准的规定及设计要求。

8. 防雷及接地装置

1）信号防雷设备应符合相关产品标准的规定及设计要求。

2）信号设备不应与电力、房屋建筑合用接地体，其接地体间的距离不小于 20m。当埋入地中的引接线达不到此距离时，应加绝缘防护或采用电缆连接。

3）信号设备的各种接地体间及与通信接地体间的距离不宜小于 15m。

4）信号接地装置分为防雷地线、屏蔽地线、计算机专用地线及安全地线等。各类信号接地装置应分类使用，当受场地限制或建筑结构影响时，楼内信号地线可按设计规定合用接地体。

5）信号接地装置的接地电阻应符合设计要求。

6）接地体的埋深不应小于 700mm，距其他设备或建筑物不应小于 1500mm。

7）接地装置的引接线截面积应符合设计要求。

9. 室内单项试验控制要点

（1）电源屏送电试验应符合设计及下列要求：

1）电源屏的各种输出及功能应符合设计要求及技术标准的规定。

2）智能监测显示系统的各种显示应与用仪表测试一致；盘面的显示内容与实际测试结果一致。

3）在规定的输入范围内，各供电模块工作正常，输出应符合设计要求。

4）智能监测显示系统在工作范围内动作显示正常，各种监测、存储、显示、报警、传输、呼叫功能应符合产品技术规定。

5）电源屏相序与引入电源的相位、屏与屏之间的相序相符。

6）输出电源对地绝缘电阻符合规定。

7）接入最大负载后，设备应能正常工作，各部件的温升应不超过质量证明文件及相关标准的规定。

8）电表应无卡阻、碰针现象。

9）两路电源切换时间不得大于0.15s。

（2）不间断电源（UPS）性能应符合下列要求：

1）不间断电源（UPS）的电气特性指标应符合产品技术标准的规定，各种功能应满足设计文件要求；

2）不间断电源（UPS）在外部电源停电或切换时，应在规定放电时间内持续向系统供电；

3）不间断电源（UPS）故障时，应通过静态开关（或手动开关）接通旁路电源。

（3）计算机显示设备调试应符合下列规定：

1）鼠标操作灵活方便，表示正确；

2）显示器必须清晰、准确地反映信号设备的状态；

3）报警装置应动作准确、可靠。

（4）计算机及其外部设备调试应符合下列规定：

1）设备性能指标测试；

2）计算机功能性测试；

3）稳定性试验；

4）设计规定的其他项目。

（5）车站联锁必须符合以下要求：

1）站内联锁关系正确，符合设计要求；

2）站内联锁设备与区间、站间、场间的联锁关系符合设计要求；

3）轨道区段、道岔位置、信号机显示状态的表示应与相应的继电器状态一致；

4）计算机联锁设备的采集、驱动单元应与相应的采集对象、执行器件的状态一致。

10. 室外单项试验

（1）地面固定信号机试验应符合以下要求：

1）信号机通电试验，各灯位显示正确。

2）信号机、表示器灯光调试良好，显示距离应满足设计要求。

3）信号机正常点灯时须点亮主灯丝。设有灯丝转换设备的信号机，当主灯丝断丝后，应点亮副灯丝，并接通灯丝断丝报警电路。

4）LED信号机正常时全部LED灯管点亮，当LED灯管故障至报警门限以下时（二极管开路25%），剩余LED灯管应继续点亮并接通报警仪报警电路。

（2）电动转辙机的摩擦联结器的调整应符合下列要求：

1）道岔正常转换时，电机不空转。

2）道岔尖轨因故不能转换或转换中途遇阻时，应使电机克服摩擦联结力空转。

3）摩擦电流不得大于额定电流的1.3倍。

（3）道岔转换试验应符合下列要求：

1）道岔的转换时间不大于设计规定允许值；

2）可动部分在转动过程中动作平稳、灵活、无卡阻现象，旷量符合设计要求；

3）转换动程、外锁闭量等主要技术指标符合设计要求；

4）在道岔第一连接杆处，尖轨与基本轨之间有4mm及其以上间隙时，道岔不能锁闭。

（4）车载ATP/ATO设备试验应符合下列要求：

1）应按照车载静态、动态调试步骤对车载设备进行调试，并符合设计文件规定；

2）地面设备调试完毕后，应通过列车对各个地面设备进行车地通信测试，以确保通信通道畅通；

3）对车载设备进行功能测试，应包括以下内容：超速防护、紧急制动停车、安全门控、停车精度、临时限速、监督退行、零速检测、驾驶模式及其转换。提供目标速度显示，指示列车实际速度。

（5）ATP/ATO轨旁电子设备的功能和性能及无线调整距离等应符合设计要求及相关技术标准的规定。

（6）计轴设备调试按相应的调试手册进行：用模拟轮调试车轮传感器，调整模拟轮和传感器位置，测量传感器接收电压，保证无轮时接收电压与有轮时接收电压极性相反，绝对值相同或相近。

二、质量安全风险存在的问题

1. 质量风险（参见表10-6）

2. 安全风险（参见第九章第三节）

三、质量安全风险监管的要点

信号系统质量安全风险，主要从以下几个方面进行监管：

1）电缆接续、电缆外护套以及引入孔做成端的质量监管；

2）高柱、矮柱信号机安装质量监管；

3）车载设备安装的车辆限界控制质量监管；

4）信号防雷设备接地和接地装置的安装质量监管；

5）车站联锁试验监管；

6）轨行区作业管理监管。

第七节　自动售检票系统

一、质量安全管理的内容

1. 管槽及桥架安装质量安全管理

（1）金属导管预埋的质量应符合下列规定：

管件的规格、型号、数量应符合设计要求。

金属导管严禁对口熔焊连接；镀锌和壁厚小于等于2mm的钢导管不得套管熔焊

连接。

金属导管必须可靠接地或接零；当金属导管采用螺纹连接时，连接处的两端应保证可靠接地连通。

镀锌的钢导管、可挠性导管不得熔焊跨接接地线，以专用接地卡跨接的两卡间连接线为铜芯导线时，截面积不应小于 $4mm^2$。

（2）金属线槽预埋的质量应符合下列规定：

金属线槽预埋的规格、型号、数量应符合设计要求。

金属线槽必须可靠接地或接零。

金属线槽出线盒处应采取防水、防尘措施，并能承受车站站厅地面的压力。

（3）分向盒、接线盒的规格、型号、数量应符合下列规定：

分向盒、接线盒的规格、型号、数量应符合设计要求。

分向盒、接线盒必须可靠接地或接零。

分向盒、接线盒处应采取防水、防尘措施，并能承受车站站厅地面压力。

（4）金属导管之间，金属导管与金属线槽，金属导管与接线盒、分向盒之间必须电气连接，电气连接工艺必须满足《建筑电气工程施工质量验收规范》GB 50303—2002 的要求。

金属导管连接时，管口应合拢，导管的连接件应可靠连接。

金属导管与分向盒的连接应紧密、牢固。

金属导管与金属导管、金属导管与分向盒的连接处应作防水处理。

金属导管经过伸缩缝、沉降缝时，在工艺上应采取保护措施。

（5）桥架安装的质量检验应符合下列规定：

桥架的规格、型号、质量数量应符合设计要求。

桥架和引入或引出的金属导管必须可靠接地或接零。

桥架全长与接地或接零干线连接不应少于 2 处。

桥架间连接板的两端应保证可靠接地连通。

桥架经过伸缩缝、沉降缝时，在工艺上应采取保护措施。

2. 线缆敷设质量安全管理

（1）数据电缆、电源电缆在管槽内穿放的质量应符合下列规定：

线缆的型号、规格、数量和质量应符合设计要求。

管槽内线缆布放应平直、无扭绞、打圈等现象，线槽在管槽内应无接头。

3 根及以上绝缘导线穿于同一根管时，其总截面积（含防护层）不应超过管内截面的40%；2 根绝缘导线穿于同一根管时，管内径不应小于 2 根绝缘导线外径之和的 1.35 倍。

线缆布放时应保持一定冗余，在设备出线处根据实际情况预留。

线缆出入口处，应作密封处理。

布放于水平线槽内的线缆，每隔 3～5mm 应绑扎固定，布放于垂直线槽内的线缆每隔 2m 应绑扎固定。

数据线缆与电源电缆应分管分槽敷设。

线缆两端应贴有标签，标明线缆的起始和终端位置，标签应清晰、正确、粘贴牢固。

（2）AFC 设备的室内配线的质量应符合下列要求：

AFC设备的室内配线高度应一致，横平竖直，不应与其他管线交叉或穿越墙壁和楼板。

配线用的分线设备及附备件的绝缘电阻和保安性能，应符合设计技术条件的规定。

（3）线缆引入、成端的质量应符合下列规定：

线缆从地下引入时，引入口应离地面以下0.5m左右，并加以防护。引入口穿放线缆后应堵牢，不应渗漏水。

配线设备以及附备件的绝缘电阻和保安性能应符合设备技术条件规定。

配线设备端子跳线排列整齐、顺直。配线箱底孔引进电缆后应堵牢。

芯线连接的色谱顺序应符合设计要求或相关标准的规定。

芯线压接、卡接、焊接应牢固，焊接不得有假焊或虚焊现象。

芯线接续后应导通良好。

源电缆接线必须正确。

线与电气设备的连接应符合下列规定：

截面积在10mm² 及以下的单股铜芯线直接与设备的端子连接；

截面积在2.5mm² 及以下的多股铜芯线拧紧搪锡或接续端子后与设备端子连接；

截面积大于2.5mm² 的多股铜芯线，除设备自带插接式端子外，接续端子后与设备端子连接；多股铜芯线与插接式端子连接前，端部拧紧搪锡。

每个设备的端子接线不多于2根电线。

电源电缆的芯线连接金具（连接管和端子），规格应与芯线的规格适配，且不得采用开口端子。

（4）电缆线路电特性指标应符合下列规定（表10-12、表10-13）：

对绞线电特性指标应符合的规定 表10-12

序　号	项　目	单　位	标　准
1	0.7mm 线径单线电阻	Ω/km	≤48
	0.6mm 线径单线电阻		≤65.8
	0.5mm 线径单线电阻		≤95
2	绝缘电阻	MΩ·km	≥5000

信号线电特性指标应符合的规定 表10-13

序　号	项　目	单　位	标　准
1	0.7mm 线径单线电阻	Ω/km	≤48
	0.6mm 线径单线电阻		≤65.8
2	绝缘电阻	MΩ·km	≥5000

1）电源配线的芯线间和芯线对地的绝缘电阻应大于1MΩ。

2）配线电缆芯线间绝缘电阻值应符合下列规定：高频配线电缆不应小于100MΩ，同轴配线电缆不应小于1000MΩ。

3. 站厅设备安装质量安全管理

（1）服务器、工作站、交换机、打印机、编码分拣机和机柜的型号、规格、质量和数量应符合下列规定：

安装位置应符合设计要求。

安装应稳定、牢固。

通风散热应符合设计要求。

（2）机柜内接插件应插接牢固，不得错插；设备配线，不得错接绕接；线缆绑扎顺直、整齐美观；电源线按线序接入接线端子，不得短路。

（3）终端设备的质量应符合下列规定：

终端设备的型号、规格、质量和数量应符合设计要求。

终端设备外观完整，表面完好，无划痕及破损，设备的外形尺寸、设备内的主板及接线端口的型号、规格应符合设计要求。

终端设备安装固定应符合设计布置图，固定应牢固、垂直、水平，垂直允许偏差为2mm，并列安装的机柜应紧密靠拢。

同列机柜正面应位于同一平面，允许偏差为5mm。

设备的相对尺寸及通道应符合设计要求，设备与地面之间空隙应用防水胶密封。

非标准的加工件，漆色应与设备漆色一致。

（4）设备外壳接地线必须连接良好。

（5）紧急按钮安装的质量应符合设计要求，引入电缆或引出线应采用钢管保护。

4. 电源与接地质量安全管理

（1）电源设备安装

电源设备到达现场应进行检查，其型号、规格及容量必须符合设计要求及相关产品标准的规定。

配电柜各单元应插接良好，电气接触点应接触可靠、连接紧密；输入电源的相线和零线不得接错，其零线不得虚接或断开。

蓄电池组安装应排列整齐、连接正确、接触良好，蓄电池电极或接线无腐蚀，充放电情况良好，无过放。

UPS不间断电源输出端的中性线（N级），必须与由接地装置直接引来的接地干线相连接并重复接地。UPS不间断电源装置的可接近裸露导体应接地或接零可靠，且有标识。

配电箱安装应符合下列要求：

配电箱体内元器件完好、齐全，配置性能应符合设计要求；

回路编号齐全、正确；

交流配电箱内，零线和保护线应在零线和保护地线汇流排上连接，不得铰接，并应有编号。

（2）电源布线

电源线缆的型号、规格及数量应符合设计要求；电源线缆不得破损、受潮、扭曲、折皱；端子型号应正确。

电源布线应符合下列规定：

交、直流电源线缆应分开布放，不应绑在同一线束内。

电源布线不得有接头。

不同信号、不同电压等级的线缆应分类布置，分别单独设槽、管敷设，在同一线槽内宜用隔板隔开。

数据线缆与电源线缆交叉敷设时宜成直角，平行敷设时间距应符合设计要求。

到地面插座盒、墙上电源插座盒、多功能电源插座板的连接电源线应接线正确，设备需要引出电源线位置合适。

电源端子接线正确，电源线缆两端的标志齐全。直流电源线必须以线色区别正、负极性，直流电源正负极严禁错接与短路，接触必须牢固。

（3）接地

AFC 系统接地安装应符合下列规定：

屏蔽接地要求 AFC 数据电缆屏蔽层必须单点接地。

接地连接绝缘铜芯导线截面不宜小于 $16mm^2$。

线缆穿金属导管或沿防水线槽、带金属盖板的金属桥架敷设，金属线槽及其支架和引入或引出的金属导管必须可靠接地或接零。

分向盒、分线盒必须可靠接地或接零。

接地安装应符合下列规定：

接地方式、设备接地端子排列、连接接入及连接应符合设计要求；

接地铜排和螺栓、地线盘端子与室内接地连接导线连接牢固，接触良好。

接地装置的各种连接处，应镀锡过渡，焊接不得有假焊或虚焊现象，焊点应作防腐处理。

接地隐蔽工程部分应有检查验收合格记录。

配电箱接地保护或接零保护应可靠，且有标识。

接地连接导线线种和截面应符合设计要求。接地连接导线布放不得有接头。防雷、工作（联合）接地、保护地线与设备连接应符合设计规定。

AFC 系统防雷接地与交流工频接地、直流工作接地、安全保护接地共同综合接地体，接地装置的接地电阻值必须按接入设备中要求的最小值确定，其接地电阻测试值不得大于 1Ω。

AFC 系统的雷电防护等级、防雷设施的设置位置、方式及数量应符合设计要求。

（4）电源与接地的检测

1）电源设备测试必须符合下列规定：

电源设备带电部分与金属外壳间的绝缘电阻应大于 $5M\Omega$。

首次充、放电的各项指标均必须符合设计要求。

UPS 设备的切换时间及切换电压值应符合设计要求。

2）电源设备的电性能测试应符合下列规定：

人工或自动转换时，供电不得中断。

故障报警应准确、可靠。

额定负荷时，蓄电池组备用时间应符合设计要求。

输出电压和电流超限时，保护电路动作应准确。

输入电源故障时，应自动转换蓄电池组供电。

3）电源线缆应无缺损、断线。电源线缆的芯线间和芯线对地的绝缘电阻应大于 $1M\Omega$。

4）防雷设施测试应符合下列规定：

连续工作电压为单相 220V、三相 385V。

标称放电电流 $I_n \geqslant 20kA$、最大放电电流 $I_{max} \geqslant 40kA$。

残压不大于 1.2kV（20kA 8/20US）。

响应时间为纳秒级。

二、质量安全风险存在的问题

1. 质量风险（参见表 10-6）

2. 安全风险（参见第九章第三节）

三、质量安全风险监管的要点

自动售检票系统质量安全风险，主要从以下几个方面进行监管：

1）金属配管预埋以及金属线槽、导管接线盒、分向盒电气连接以及可靠接地的质量监管；

2）中端设备接地点和设备接地的可靠接地质量监管；

3）电源、接地、防雷与电磁兼容系统中电源端子接地的质量监管。

第八节 综 合 监 控 系 统

一、质量安全风险管理内容

1. 综合监控系统（ISCS）和环境与设备监控系统（BAS）

（1）传感器、风阀安装

1）安装位置控制

不应安装在阳光直射的位置；

应远离有较强振动、电磁干扰的区域；

应尽可能远离门、窗和出风口位置，与之距离不应小于 2m；

并列安装的传感器，距离高度应一致，高度差不应大于 1mm，同一区域内高度差不应大于 5mm。

2）连接线缆的控制要求

温度传感器至输入模块之间的连接应尽量减少因接线引起的误差；

镍温度传感器的接线电阻应小于 3Ω，$1k\Omega$ 铂温度传感器的接线总电阻应小于 1Ω。

3）风管、温度传感器安装控制

应安装在风速平稳、能反映风温的地方；

应在风管保温层完成后，安装在风管直管段或应避开风管死角的位置；

应安装在便于调试、维修的地方。

4）水管温度传感器安装控制

不宜在焊缝及其边缘上开孔和焊接；

感温段大于管道口径的 1/2 时，可安装在管道的顶部；

感温段小于管道口径的 1/2 时，应安装在管道的侧面或底部；

开孔与焊接工作，必须在工艺管道的防腐、衬里吹扫和压力试验前进行；

安装位置应设在水流温度变化灵敏和具有代表性的地方，不宜选择在阀门等阻力件附近和水流死角及振动较大的位置处。

（2）压力、压差传感器和压差开关安装

除按产品说明书进行或按设计要求进行外，还应注意如下要求：

应安装在便于调试、维修的位置；

应安装在温、湿度传感器的上游侧；

应在风管保温层完成之前安装风管型压力、压差传感器；

风管型压力、压差传感器应在风管的直管段，如不能安装在直管段，则应避开风管内通风死角；

水管型、蒸汽型压力与压差传感器安装的开孔与焊接工作必须在工艺管道的防腐、衬里吹扫和压力试验前进行。不宜安装在管道焊缝及其边缘处的开孔及焊接部位。不宜选在阀门等阻力部件的附近和水流流速死角及振动较大的位置。

安装压差开关时，宜将薄膜处于垂直于平面的位置。风压压差开关安装离地高度不应小于 0.5m；安装应在风管保温层完成之后；另外，不应影响空调器本体的密封性。

水流开关的安装，应在工艺管道预制、安装时同时进行。水流开关的开孔与焊接工作，必须在工艺管道的防腐、衬里吹扫和压力试验前进行。不宜安装在焊缝处或在焊缝边缘上开孔。水流开关应安装在水平管段上，不应安装在垂直管段上。

（3）风机盘管温控器、电动阀安装

温控开关与其他开关并列安装时，高度差不应大于 1mm，在同一室内，其高度差不应大于 5mm，温控开关外形尺寸与其他开关不一样时，以底边高度为准。电动阀阀体上箭头的指向应与水流方向一致。风机盘管电动阀应安装于风机盘管的回水管上。四管制风机盘管的冷热水管电动阀共用线应为零线。

电磁阀、电动调节阀安装的质量控制：

电磁阀、电动调节阀阀体上箭头的指向应与水流方向一致。

电磁阀、电动阀的口径与管道直径不一致时，应采用渐缩管件，同时电磁阀、电动阀口径一般不应低于管道口径 2 个等级；空调器的电磁阀、电动阀旁一般应装有旁通管路。

执行机构应固定牢固，机械传动应灵活，无松动或卡涩现象，操作手轮应处于便于操作的位置。

有阀位指示装置的电动阀、电磁阀，阀位指示装置应面向便于观察的位置。

应按安装使用说明书的规定检查线圈与阀体间的电阻。安装前也宜进行模拟动作和试压试验。

电磁阀一般安装在回水管口，在管道冲洗前，应完全打开。

检查电动阀门的驱动器，其行程、压力和最大关紧力（关阀的压力）及阀体强度，阀芯泄漏试验，必须满足设计和产品说明书的要求。

电动调节阀安装时，应避免给调节阀带来附加压力，当调节阀安装在管道较长的地方时，应安装支架和采取避振措施。

检查电动调节阀的输入电压、输出信号和接线方式，是否符合产品说明书的要求。

严格检查电动调节阀流量（如阀门流量系统数 Cv 值）、执行推力及使用条件是否符合规定的设计要求。

（4）电动风门驱动器安装

风阀控制器上的开闭箭头的指向应与风门开闭方向一致；

风阀控制器宜面向便于观察的位置安装，与风阀门轴的连接应固定牢固；

风阀的机械机构开闭应灵活，无松动或卡阻现象。

（5）控制器设备安装

控制屏应垂直、平正，固定应牢固；垂直度允许偏差为 1.5‰；水平度允许偏差为 1‰。

相邻显示屏顶部高度允许偏差为 2mm。

镶接处平面度允许偏差为 1mm；相邻显示屏镶接处的间隙，不应大于 5mm。

显示屏外形尺寸、型号及规定符合设计要求，控制显示屏的各构件之间的连接应紧密、牢固，安装用的紧固件应涂有防腐层。

安装后显示屏的外形应完整，内外表面漆层完好。

2. 火灾自动报警系统（FAS）

（1）布线

火灾自动报警系统布线时，应对导线的种类、电压等级进行检查。

火灾自动报警系统传输线路采用绝缘导线时，应采用穿金属管、硬质塑料管、半硬质塑料管或封闭式线槽保护方式布线，消防控制、通信和报警线路，应采取穿金属管保护，并宜暗敷设在非燃烧体结构内，其保护层厚度不应小于 30mm。当必须明敷设时，应在金属管上采取防火保护措施。当采用绝缘和护套为非延燃性材料的电缆时，可不穿金属管保护，但应敷设在电缆井内。

探测器的传输线路，宜选择不同颜色的绝缘导线。一般红色线为"正极"，蓝色线为"负极"，其他种类导线的颜色应一致，接线端子应有标号。

使用的非金属管材、线槽及其附件，应采用不燃或非延燃性材料制成。

对每回路的导线测量绝缘电阻，其对地绝缘电阻值不应小于 $20M\Omega$。

（2）火灾探测器的安装

1）探测器的安装位置

探测器至墙壁、梁边的水平距离，不应小于 0.5m。

探测器周围 0.5m 内，不应有遮挡物。

探测器至空调送水口边的水平距离，不应小于 1.5m；至多孔送风顶棚孔口的水平距离，不应小于 0.5m。

宽度小于 3m 的内走道顶棚上设置探测器时，宜居中布置。烟感探测器安装间距一般为直径 15m，半径 7.5m；温感探测器安装间距一般为直径 10m，半径 5m。探测器距端墙的距离，不应大于探测器安装间距的一半。

探测器宜水平安装，当必须倾斜安装时，倾斜角不应大于 45°。

探测区域内的每个房间至少应设置一个火灾探测器。感温、感光探测器距光源距离应大于 1m。

探测器一般安装在室内顶棚上，当顶棚上有梁，梁间净距小于 1m 时，视为平顶棚。在梁突出顶棚的高度小于 200mm 的顶棚上设置感烟、感温探测器时，可不考虑梁对探测器保护面积的影响。

当梁突出顶棚的高度为 200～600mm 时，应按规定确定探测器的安装位置。

当梁突出顶棚的高度超过 600mm 时，被梁隔断的每个梁间区域应至少设置一个探测器。

当被梁隔断的区域面积超过一个探测器的保护面积时，应将被隔断的区域视为一个探测区域，并按有关规定计算控制器的设置数量。

2）探测器的安装

探测器的底座应固定牢靠，其导线连接必须可靠压接或焊接。当采用焊接时，不得使用带腐蚀性的助焊剂。

探测器底座的外接导线，应留有不小于150mm的余量，入端处应有明显标志。

探测器底座的穿线孔宜封堵，安装完毕后的探测器底座应采取保护措施。

探测器的确认灯，应面向便于人员观察的主要入口方向。

探测器即将调试时方可安装，在安装前应妥善保管，且采取防尘、防潮、防腐措施。

探测器安装时，先将预留在盒内的导线剥去绝缘外皮，露出线芯10~15mm，但不要碰掉编号套管，顺时针连接在探测器底座的各级接线端上，然后将底座用配套的螺栓固定在预埋盒上，且上好防潮罩。最后按设计图要求检查无误后，再拧上探测器头。

探测器暗装时，灯头盒埋设在混凝土或设置在顶棚内，灯头盒焊接在暗配电线保护管端，灯头盒口向下，不应埋设太深，其口面也不能凸出屋顶粉刷面，最好与屋顶粉刷面平或略低2~4mm。

探测器明装时，将探测器安装在明配线路中的灯头盒上，明装灯头盒仍固定在管端，在距管端100~150mm处应加以固定。明配线路中，金属灯头盒涂漆应与电线保护管颜色一致。

（3）手动火灾报警按钮的安装

报警区域内每个防火分区，应至少设置一个手动报警按钮。从一个防火分区的任何位置到邻近防火分区的一个手动火灾报警按钮的步行距离，不应大于30m。

手动火灾报警按钮应设置在明显和便于操作的部位，安装在墙上距地（楼）面高度1.5m处，并有明显的标志。

手动火灾报警按钮，应安装牢固，且不得倾斜。

手动火灾报警按钮的外接导线，应留有不少于100mm的余量，并在其端部标有明显标志。

手动火灾报警按钮并联安装时，终端按钮内应加装监控电阻，其阻值由生产厂家提供。

（4）火灾报警控制器的安装

火灾报警控制器在墙上安装时，其底边距地（楼）面高度不应小于1.5m，靠近门轴的侧面距墙不应小于0.5m，正面操作距离不应小于1.2m。如遇到轻质隔墙无法固定，必须采用对拉螺杆加装金属垫片。

火灾报警控制器落地安装时，其底宜高出地坪0.1~0.2m，框下面有进出线地沟。如果需从后面检修时，框后面板距墙不应小于1m，当有一侧靠墙安装时，另一侧距离不应小于1m。

集中报警控制器的正面操作距离：当设备单列布置时不应小于1.5m；双列布置时不应小于2m；在值班人员经常工作的一面，控制盘前距离不应小于3m。

控制器应安装牢固，不得倾斜。安装在非承重墙上时，应采取加固措施。

引入控制器的电缆或导线，应符合下列要求：

配线应整齐，避免交叉，且固定牢靠。

电缆芯线和所配导线的端部，均应标明编号，且与图样一致，字迹清晰，不得褪色。

端子板的每个接线端，接线不得超过两根。

电缆芯和导线，应留有不小于200mm的余量。

导线应绑扎成束。

导线引出线穿管后，在进线管处应封堵。

控制器的主电源引入线，应直接与消防电源连接，严禁使用电源插头。主电源应有明显标志。

控制器的接地应牢固，且有明显标志。

（5）消防控制设备的安装

消防控制设备安装前，应进行功能检查，不合格者，不得安装。

消防控制设备的外接导线，当采用金属软管作套管时，其长度不宜大于2m，并应采用管卡固定，其固定点间距不应大于0.5m。金属软管与消防控制设备的接线盒（箱），应采用锁母固定，且应根据配管规格接地。

消防控制设备外接导线的端部，应有明显标志。

消防控制设备盘（柜）内电压等级、不同电流类别的端子应分开，且有明显标志。

（6）警铃安装

警铃是火灾报警的一种音响设备，一般安装在门口、走廊和楼梯等人员众多的场所，每个火灾监测区域应至少安装一个，应安装在明显的位置，能在防火分区的任何一处都能听见响声。

警铃应安装在室内墙上距地面2.5m以上，但铃壳不能与屋顶、墙梁等相碰。警铃是振动性很强的音响设备。固定螺钉上要加弹簧垫片。

（7）门灯安装

多个探测器并联时，可以在房门上方或建筑物其他明显部位安装门灯显示器，用于探测器报警时的重复显示，在接有门灯的并联回路中，任何一个探测器报警，门灯都可以发出报警指示。

门灯安装仍需选用配套的灯头盒或相应的接线盒，预埋在门上方墙内，不应凸出墙体装饰面。门灯的接线可根据厂家的接线示意图进行。

（8）火警专用配线（或接线）箱安装

设置在墙上的箱体，应根据设计要求的高度及位置，采用金属膨胀螺栓固定在墙壁上。

配线（或接线）箱内采用端子板连接各种导线并按不同用途、不同电压、电流类别等需要，分别设置不同端子板。且将交直流不同电压的端子板加保护罩进行隔离，以保护人身和设备安全。

箱内端子板接线时，两人分别在线路两端逐根对导线进行编号。将箱内留有余量的导线绑扎成束，分别设置在端子板两侧，左侧为控制中心引来的干线，右侧为火灾探测器及其他设备的控制线路，在连接前应用兆欧表测量绝缘电阻，每一回路线间的绝缘电阻值应不小于10MΩ。

单芯铜导线剥去绝缘层后，可直接接入端子板，剥去绝缘层的长度，一般比端子插入孔深度长 1mm 为宜，对于多芯铜线，剥去绝缘后应搪锡再接入接线端子。

（9）系统接地装置的安装

工作接地线应采用铜芯绝缘导线或电缆，不得利用镀锌扁铁或金属软管。

由消防控制室引至接地体的工作接地线，在通过墙壁时，应穿入钢管或其他坚固的保护管。

工作接地线与保护接地线，必须分开，保护接地导体不得利用金属软管。

消防控制室专设工作接地装置时，接地电阻值不应大于 4Ω。采用共同接地时，接地电阻不应大于 1Ω。

当采用共同接地时，可用专用接地干线由消防控制室接地板引至接地体。专用接地干线应选用截面积不小于 25mm² 的塑料绝缘铜芯电线或电缆两根。

由消防控制室接地板引至消防设备的接地线，应选用铜芯绝缘软线，其线芯截面积不应小于 4mm²

接地装置施工完毕后，应及时作隐蔽工程验收。验收应包括下列内容：测量接地电阻，且作记录；检验应提交的技术文件；审查施工质量。

3. 门禁系统（ACS）

（1）布线

电气系统的布线，应符合现行国家标准《电气装置工程施工及验收规范》的规定。

管内或线槽的穿线，在穿线前将管内或线槽的积水及杂物清除干净。

不同系统、不同电压等级，不应穿在同一管内或线槽内。导线在管内或线槽内，不得有接头或扭结。导线接头应在接线盒内焊接或端子连接。

系统导线敷设后，对每回路的导线用 500V 的兆欧表测量绝缘电阻，其对地绝缘电阻不小于 20MΩ。

光纤与尾纤的熔接应调校正确，保证信号损失最小，光纤挠曲半径不小于 0.5m。

电缆敷设作业开始，应按照以下步骤进行：电缆绝缘测试。电缆敷设前应对电缆外观、规格、型号、电压等级进行核实，并用接地摇表对电缆的芯线之间、芯线与屏蔽层之间的绝缘进行测量，并做好测试记录，电缆绝缘检测合格后方可敷设。

（2）门禁控制器、读卡器、出门按钮安装

主门禁控制器设在车站防灾报警室内，从门禁控制器设在另一端的环控电控室内。两控制器之间有 220V$_{AC}$ 电源线、网络线连接。

读卡控制模块采用现场安装方法，从分组集中就地控制箱至指定位置，控制箱底边距地坪 1.4m，读卡控制模块、接线盒装在控制箱内。

感应读卡器安装在门禁被控门外，离地 1.4m 处。

出门按钮安装在门禁被控门内，离地 1.4m 处。紧急破玻按钮安装在门禁被控门内，离地 1.4m 处。

4. 气体灭火系统（以 IG 541 混合气体灭火系统为例）

防护区和灭火剂贮瓶间的设置条件应与设计相符，包括防护区的位置、大小、开口情况，围护构件的耐火性能，门窗的设置情况，贮瓶间的大小、位置、地面的承重能力（图10-17）。

检查容器阀、选择阀、单向阀、喷嘴和阀驱动装置等系统组件的产品出厂合格证和由国家质量监督检验测试中心出具的检验报告；灭火剂输送管道及管道附件的出厂检验报告与合格证是否齐全，其品种、规格、型号应符合设计要求。安装系统所需的预埋和孔洞应符合设计要求。

对灭火剂钢瓶、瓶头阀、减压装置、喷嘴和阀驱动装置等系统组件进行外观检查，并应符合下列要求：

系统组件无碰撞变形及其他机械性损伤。

组件外露非机械加工表面保护涂层完好。

组件所有外露接口均设有防护堵、盖，且封闭良好，接口螺纹和法兰密封面无损伤。

铭牌清晰，其内容符合相应的现行国家规范规定。

保持同一防护区的灭火剂贮存容器规格一致，其高度数差不超过20mm。

检查灭火剂钢瓶内灭火药剂的充装量和充装压力。储存容器充装量规定：一级充压（15.0MPa）系统，充装量应为211.15kg/m³；二级充压（20.0MPa）系统，其充装量应为281.06kg/m³。

图10-17　气体灭火系统阀体和
阀驱动装置

贮存钢瓶内灭火药剂的充装量和充装压力是气体灭火系统管道流体计算确定的。因此，充装灭火剂需要一定的充装设备和检测手段，宜在设备制造厂完成。只有在满足灭火充装要求的条件下，才准许现场充装。

为了便于灭火剂钢瓶的安装以及系统操作，维修的需要，灭火剂钢瓶的操作距墙或操作面之间的距离不宜小于1m。

为了保证系统能可靠地工作和便于检查维护，灭火剂钢瓶的支架、框架应固定牢固，且应采用防腐处理。钢瓶上的压力表应朝操作面，安装高度和方向应一致。钢瓶正面应标明设计规定的灭火剂名称和钢瓶的编号。

集流管的制作应当是焊接后进行水压试验，试压合格后进行内外镀锌，镀锌时应保护好连接螺纹，防止因镀锌而受到腐蚀。

集流管应固定在支架、框架上且应固定牢靠，并作防腐处理。集流管外表应涂红色油漆。

安装有泄压装置的集流管，泄压装置的泄压口不应朝向操作面，以免万一泄压时对人员造成伤害。

气体灭火系统灭火剂输送管道的施工除应遵守现行国家标准《工业管道工程施工及验收规范》中的一般规定外，还应符合下述要求：

无缝钢管采用法兰连接时，应在焊接后进行内外镀锌处理。已镀锌的无缝钢管可采用螺纹连接，但管道套丝后应在螺纹的表面作防护处理。

管道穿过墙壁、楼板处应安装套管，穿墙套管的长度应和墙厚度相等，穿过楼板的套管长度应高出地板 50mm。管道与套管间空隙应采用柔性不燃材料填塞密实。

管道应固定，支架与喷嘴间距应符合有关规定。管道末端处应采用支架固定，支架与喷嘴间的管道长应不大小 50mm。公称直径大于或等于 50mm 的主干管道，垂直方向至少应各安装一个防晃支架，当穿过建筑物楼层时，每层应设一个防晃支架。当水平管道改变方向时，应设防晃支架。

三通管接头的分流出口应水平安装，不得垂直安装。

喷嘴是气体灭火系统的关键组件，安装时应注意以下几点：一是外露部分应美观，不要露出连接螺纹，装饰罩应贴紧顶棚；二是安装时及安装后要逐个核对喷嘴的型号、规格和喷孔方向，使其符合设计要求。

气体控制盘、手动启动器、紧急停止开关、手动/自动转换开关安装应按图施工，并宜安装牢固，不得倾斜。

管道系统安装完毕后应进行水压强度（气压）试验，试验压力按设计要求，以压力持续 5min 无明显滴漏现象且不变形为合格。气密性试验介质为氮气或压缩空气，试验压力为水压强度试验压力的 2/3，在无气源补充的条件下持续 3min 压力降不超过 10％为合格。气密性试验前用 0.5～0.7MPa 的氮气或压缩空气，对管道系统进行吹除，保证管道畅通良好。

二、质量安全风险存在的问题

1. 质量风险（参见表 10-6）

2. 安全风险（参见第九章第三节）

三、质量安全风险监管的要点

综合监控系统质量安全风险，主要从以下几个方面进行监管：

1) 主要设备的进场报验手续监管，包括电线、电缆绝缘检测，产品进场前电磁兼容性审查等；

2) 金属配管预埋以及金属线槽、导管接线盒、分向盒电气连接以及可靠接地的质量监管；

3) 电源、接地、防雷与电磁兼容系统中电源端子接地的质量监管。

参 考 文 献

[1] 地铁及地下工程建设风险管理指南(建质[2007]254 号)[S].

[2] 城市轨道交通工程安全质量管理暂行办法(建质[2010]5 号)[S].

[3] 公路隧道施工技术规范 JTG F60—2009[S].

[4] 地下铁道工程施工及验收规范 GB 50299—1999[S].

[5] 盾构法隧道施工与验收规范 GB 50446—2008[S].

[6] 地铁工程监控量测技术规程 DB11/490—2007[S].

[7] 建筑基坑工程监测技术规范 GB 50497—2009[S].

[8] 建筑基坑工程技术规范 YB 9258—1997[S].

[9] 建设工程高大模板支撑系统施工安全监督管理导则(建质[2009]254 号)[S].

[10] 钢结构工程施工质量验收规范 GB 50205—2001[S].

[11] 声环境质量标准 . GB 3096—2008[S].

[12] 通风与空调工程施工质量验收规范 GB 50304—2012[S].

[13] 给水排水管道工程施工及验收规范 GB 50268—2008[S].

[14] 建筑电气工程施工质量验收规范 GB 50303—2012[S].

[15] 电气装置安装工程 高压电器施工及验收规范 GB 50147—2010[S].

[16] 电气装置安装工程 低压电器施工及验收规范 GB 50254—2014[S].

[17] 电气装置工程电缆线路施工及验收规范 GB 50168—2006[S].

[18] 火灾自动报警系统施工及验收规范 GB 50166—2007[S].

[19] 自动喷水灭火系统施工及验收规范 GB 20261—2005[S].

[20] 城市轨道交通信号工程施工质量验收规范 GB 50578—2010[S].

[21] 城市轨道交通自动售检票系统工程质量验收规范 GB 50381—2010[S].

[22] 城市轨道交通通信工程质量验收规范 GB 50382—2006[S].

[23] 铁路电力牵引供电工程施工质量验收标准 TB 10421—2003[S].

[24] 地铁工程施工安全管理与技术[M].